Vorwort

Für Studentinnen und Studenten sowie Referendarinnen und Referendare fällt die erste Begegnung mit der Didaktik des Politikunterrichts häufig mit den ersten eigenen Unterrichtsversuchen zusammen. Hier benötigen sie Unterstützung. Das Büchlein will diese Hilfestellung bieten und Ängste vor der ersten Politikstunde abbauen. Es enthält keine eigene Konzeption der Didaktik der Politischen Bildung oder einen Überblick über bereits veröffentlichte Fachdidaktiken. Das Anliegen ist bescheidener. Die Leserinnen und Leser sollen auf das fachdidaktische Denken zur Planung und Durchführung von Politikunterricht vorbereitet werden. Zugleich wird ein Planungskonzept für die ersten Unterrichtsversuche vorgestellt und an zwei Unterrichtsentwürfen demonstriert. Die beiden Entwürfe können zugleich als Vorlagen für die Planung der ersten eigenen Politikstunden dienen. Erfahrungsgemäß kann der angehende Lehrer seine kreativen Gedanken zur Planung von Unterricht leichter ordnen, wenn er sich an einer veröffentlichten Unterrichtsplanung orientieren kann.

Das Planungskonzept für die ersten Politikstunden wurde nicht nur für Studenten und Referendare, sondern auch für fachfremd unterrichtende Lehrerinnen und Lehrer als Einstieg in ihr neues Unterrichtsfach entwickelt.

Vorschlag für eilige
Leserinnen und Leser

Eine Referendarin las den Titel und war begeistert: Das ist genau das, was ich jetzt brauche. Dann las sie die Seitenzahl der Schlussseite und sagte: Viel zu lang. Das werde ich niemals lesen. Dazu fehlt mir die Zeit.

Hier ein Vorschlag für eilige Leser.

Erster Durchgang

Lesen Sie zunächst nur:

- Checklisten (S. 16, 32, 43, 50)
- Planungskonzept für die erste Unterrichtsstunde (Teil II, 1; S. 55-64)
- Die Stunde im tabellarischen Überblick (Teil II, 2.8; S. 77-80)
- Das Zusammendenken von Inhalt und Zielen (Teil I, 4.1; S. 45-48).

Vertiefung

Das Inhaltsverzeichnis ist detailliert aufgegliedert. Was Ihnen bei diesem Blitzeinstieg unverständlich bleibt, können Sie bei der Lektüre zusätzlicher Unterkapitel verstehen lernen.

Vor der ersten Stunde

Vor der ersten Stunde sollten Sie im eigenen Interesse unbedingt auch (Teil II, 4.1) „Die Angst, in der Stunde zu früh fertig zu sein" (S. 99) lesen.

Einleitung

Didaktik ist die Wissenschaft vom Lehren und Lernen, Didaktik der politischen Bildung die Wissenschaft vom Lehren und Lernen von Politik. Unterrichtet die Lehrerin, der Lehrer ohne didaktische Kompetenz, dann leiden die Schülerinnen und Schüler. Auch heute noch kann ein Student an der Universität bei einigen Professoren erleben, dass man lehren kann, ohne Gedanken an Didaktik zu verschwenden. Dabei wird der Student die Folgen eines solchen Vorgehens schmerzhaft zu spüren bekommen. Der Hochschullehrer hat für seine Vorlesung ein Thema gewählt, über das er gerade forscht. Damit steht für ihn fest, was er in der Vorlesung den vor ihm sitzenden Studentinnen und Studenten vorträgt. Was ist an dem Vorgehen falsch? Die Frage ist einfach zu beantworten: Nichts. Forschung und Lehre sind frei (Art. 5 Abs. 3 GG). Ein Hochschullehrer kann seine Lehre gestalten, wie er will. Einige Anmerkungen erscheinen dennoch angebracht.

Über die Studentinnen und Studenten, die seiner Vorlesung zuhören, hat sich der Hochschullehrer keine Gedanken gemacht. Welche Voraussetzungen bringen sie mit in die Vorlesung? Werden sie den Ausführungen überhaupt folgen können? Was wird ihnen zwangsläufig unverständlich bleiben? Wozu benötigen sie den Inhalt der Ausführungen? Auch dem Hochschullehrer ist bekannt, dass die meisten von ihnen keine Wissenschaftler werden. „Warum?" und „Wozu?" wird sich im Hörsaal mancher Zuhörer fragen und hat damit, ohne es zu wissen, zwei fachdidaktische Schlüsselfragen gestellt.

Der Professor hat über die Zielsetzung seiner Vorlesung nicht lange nachgedacht; er liest über den Inhalt, der ihn interessiert und den er daher für wichtig hält. Deshalb hat er ihn für die Vorlesung ausgewählt.

Ausgespart bleiben bei der Vorbereitung einer Vorlesung Gedanken über die Methode. Nur so kann ein Professor eine Vorlesung überhaupt halten. Denn methodisch gesehen ist diese Art der Lehrveranstaltung das Verkehrteste, was man machen kann. Jeder weiß, dass der Mensch höchstens 15 Minuten lang konzentriert zuhören und dabei das Gehörte auch aufnehmen kann. Danach redet der Professor an seinen Hörern vorbei. Die Vorlesung dauert aber 45 bzw. 90 Minuten.

Das Beispiel einer Universitätsvorlesung zeigt, worüber eine Lehrerin, ein Lehrer[1] nachdenken soll, wenn sie, er eine Lehrveranstaltung plant und durchführt. Eine gute Lehrerin, ein guter Lehrer wird bei allen Überlegungen

- ständig die Jugendlichen vor Augen haben, die bei ihr, ihm etwas lernen sollen.

Sie, er hat sich u.a.

- Gedanken darüber gemacht, warum der Inhalt für die Heranwachsenden wichtig ist
- und welche Kenntnisse sie mitbringen.

Zudem besitzt eine Lehrerin, ein Lehrer klare Vorstellungen darüber,

- welche allgemeinen Ziele die Schule und
- das Fach, für das sie, er Verantwortung trägt, verfolgen.

Bei Überlegungen und Entscheidungen über die Auswahl

- des Inhalts,
- der Ziele,
- der Methoden und der
- Medien für den Unterricht

sind für sie, ihn diese allgemeinen Zielsetzungen und die Einstellungen und Interessen der Schülerinnen und Schüler ständig gedanklich präsent.

Das Büchlein möchte seine Leserinnen und Leser auf die Verinnerlichung dieses fachdidaktischen Denkens vorbereiten und so günstige Voraussetzungen für das Studium der Fachdidaktik und eine erfolgreiche Unterrichtspraxis zu schaffen.

Anmerkung

1 Eine Lehrerin, ein Lehrer – Diese Formulierung verärgert und stört manche Leserin und manchen Leser.
Angehende Lehrerinnen und Lehrer tun gut daran, sich an diese Schreibweise zu gewöhnen. In fachdidaktischen Arbeiten und schriftlichen Unterrichtsentwürfen wird die Doppelnennung verlangt. Wenn hier bisweilen davon abgewichen wird, geschieht dies in der Absicht, die Lesefreundlichkeit zu erhöhen.

Teil I
Elemente der
Unterrichtsplanung

Im Teil 1 werden nur einzelne Elemente der Unterrichtsplanung kurz angesprochen. Damit sollen die Vorbereitung und Durchführung der ersten Politikstunde erleichtert werden. Es versteht sich von selbst, dass sich Politiklehrerinnen und -lehrer im Verlauf ihres fachdidaktischen Studiums bzw. im Referendariat mit den Unterrichtsbedingungen, Zielen, Inhalten, Methoden und Medien des Politikunterrichts intensiv beschäftigen müssen (ausführlich dazu Breit, Weißeno 2004; Ackermann u.a. 2010).

1. Schülerinnen und Schüler als die Adressaten von Politikunterricht

Die meisten (Politik-)Lehrerinnen und -lehrer üben ihren Beruf gerne aus – wegen der Schülerinnen und Schüler. Gerade im Politikunterricht überraschen Jugendliche mit originellen Vorschlägen, neuen Sichtweisen und oftmals auch mit abgewogenen Urteilen und Entscheidungen. Es lohnt sich, den Jugendlichen zuzuhören und ggf. Nachfragen zu stellen, so Kenntnisse über ihr Wissen und ihre Vorstellungen, aber auch über ihre Wissensdefizite und Fehleinschätzungen zu gewinnen und sich in ihre Gedanken-, Vorstellungs- und Wertwelt hineinzudenken. Je mehr die Lehrerin, der Lehrer das politische Denken der Jugendlichen zu schätzen beginnt, desto mehr entgeht sie, er der Gefahr, über ihre Köpfe hinwegzureden, sie zu entmutigen und ihnen die Freude an der Politik zu nehmen. Wer seinen Schülerinnen und Schülern mit Respekt und Interesse begegnet, sie immer wieder lobt und ihnen den Rücken stärkt, bekommt viel von ihnen zurück. Die intensive Auseinandersetzung mit dem Denken und Fühlen der nachwachsenden Generation bereichert und hält jung.

Schülerinnen und Schüler – der wichtigste Bezugspunkt in der Planung

Der erste und wichtigste Bezugspunkt allen fachdidaktischen Denkens sind die Adressaten von Unterricht, also bei schulischer politischer Bildung die Schülerinnen und Schüler. Lehrerinnen und Lehrer haben bei allen ihren Überlegungen und Entscheidungen immer die Jugendlichen ihrer Klasse vor Augen. Sie bilden den Ausgangs- und Endpunkt ihres Denkens und Handelns bei der Planung und Durchführung von Unterricht.

Wem, wie dem Universitätsprofessor bei der Vorbereitung

seiner Vorlesung, der Unterrichtsinhalt wichtiger ist als seine Schüler, dem sei von der Aufnahme des Lehrerberufs abgeraten.

1.1 Kenntnisse und Voreinstellungen der Jugendlichen

Den erfahrenen Lehrer erkennt man daran, dass er keine Nachrichten und politischen Sendungen im Fernsehen sehen und keine Zeitung lesen kann, ohne nicht sofort an eine mögliche Verwendung für seine Schülerinnen und Schüler im Unterricht zu denken. Erfährt er von ‚Politik‘, setzt er dies sogleich gedanklich in Inhalt, Ziele und Methoden für den Politikunterricht in seiner Klasse um. Dank seiner Erfahrung kann er recht genau einschätzen, wie die Jugendlichen auf mögliche Unterrichtsthemen reagieren, wie viel Vorwissen sie mitbringen und welche Einstellungen sie besitzen. Zugleich überlegt sich der Lehrer, wie er Interesse für das Thema wecken kann.

Schülerinnen und Schüler sind bei allen Planungsüberlegungen immer im „Hinterkopf" dabei

Die Hinwendung zu den Schülern und das Mitdenken ihres Vorwissens, ihrer Interessen und Voreinstellungen bei allen Überlegungen und Entscheidungen für den Unterricht zeichnen den erfahrenen Lehrer aus. Bei ihm sind im Hinterkopf die Schülerinnen und Schüler immer dabei.

Zum Aufbau des „Hinterkopfdenkens"

Zum Aufbau dieses „Hinterkopfdenkens" eignen sich einige allgemeine Aussagen:

- Heranwachsende sehen die Welt mit anderen Augen an als die Erwachsenen und damit auch die Lehrerin, der Lehrer. Sie bringen eigene Erfahrungen in den Unterricht mit.
- Die Einstellungen der Jugendlichen sind zumeist positiv. Trotz – leider mitunter berechtigter – Zukunftssorgen überwiegen Vertrauen, Optimismus, Fröhlichkeit und Schwung.
- Jugendliche haben ein anderes Geschichtsverständnis als ihre Lehrer. Was für Lehrer „gestern" geschah und daher noch gelebte Gegenwart ist, haben Heranwachsende nicht miterlebt. Auch jüngere Politiklehrer können sich z.B. an Bundeskanzler Kohl noch erinnern; er ist für sie ein Stück ihres eigenen Lebens. Ihre Schülerinnen und Schüler dagegen haben nur Bundeskanzlerin Merkel bewusst erlebt.

- Die Schüler sind keine Politikstudenten. Nur die wenigsten von ihnen wollen einmal wie ihre Lehrer Politikwissenschaft studieren.
- Die Kenntnisse der Schülerinnen und Schüler über ‚Politik' sind gering. Vieles, was Studenten und Referendare als selbstverständlich voraussetzen, ist ihnen unbekannt.
- Jugendliche haben andere Erwartungen an die ‚Politik' als Politiklehrer. Viele sind davon überzeugt, dass die ‚Politik' fast alles verändern und verbessern kann, wenn sie nur will. Zugleich besitzen bei ihnen Politiker ein nur sehr geringes Ansehen.

Andere Wahrnehmungen

- Für ältere Lehrer ist es schockierend, dass Referendare nicht mehr oder nur mit Mühe die Kanzler der Bundesrepublik Deutschland aufzählen können. Sie selbst erinnern sich mitunter auch nicht mehr an alle Kanzler der Weimarer Republik. Für die Jugendlichen ist Berlin die Hauptstadt und der Mittelpunkt des politischen Geschehens in der Bundesrepublik Deutschland. Nicht wenige Lehrerinnen und Lehrer sprechen noch von Bonn; sie rechnen Euro in DM um, die Jugendliche nicht mehr kennengelernt haben.

  Unterschiedliche Wahrnehmungen von Lehrern und Schülern

- Für ältere Lehrerinnen und Lehrer bildet die Hauptantriebskraft für ihren Politikunterricht der Wunsch: Nie wieder! Das Erschrecken über den Zivilisationsbruch im Dritten Reich und das Mitmachen eines ganzen Volkes an Krieg und Barbarei der NS-Herrschaft führen zu einem Eintreten für die Demokratie als Schutz vor einer Wiederholung (vgl. Gagel 2005, Breit 2008). Auch Schülerinnen und Schüler beschäftigen sich intensiv mit der Geschichte des Dritten Reiches. Doch liegt für sie das Geschehen weit zurück in der Vergangenheit. Sie leben in einem angesehenen und gleichberechtigten Staat in der Mitte von Europa. Frieden, Demokratie, Rechts- und Sozialstaatlichkeit sind für sie ebenso selbstverständlich wie die Sorge vor Arbeitslosigkeit.
- Vielen Lehrern und Schülern ist ihre EU-Bürgerschaft noch nicht so richtig bewusst geworden. Als Deutsche leben

sie in der EU, ohne genau zu wissen, was das eigentlich ist und welche Rechte und Pflichten für sie mit der EU-Bürgerschaft verbunden sind.

- Die meisten Jugendlichen interessiert ‚Politik' weit weniger als den Lehrer. Ihre Familie, der Freundeskreis, Mädchen bzw. Jungs, Freizeitbeschäftigungen, Musik, Sport, Computer, Mode, Fernsehen – all dies besitzt für sie einen viel größeren Stellenwert als Politik. Es gibt Schüler, die nicht wissen, für was die Abkürzungen „CDU" oder „SPD" stehen; was aber GZSZ[1] bedeutet, wissen fast alle (Schiele, Breit 2008, 10 ff.).

All diese Hinweise, die noch erweitert werden könnten, verfolgen nur ein Ziel. Jede Lehrerin, jeder Lehrer muss sich darüber klar sein, dass die Schülerinnen und Schüler über den Unterrichtsinhalt weniger wissen und daran weit weniger interessiert sind als sie, er selbst. Lehrerinnen und Lehrer dürfen auch nicht außer Acht lassen, dass die Jugendlichen eine andere Einstellung zum Thema besitzen als sie selbst. Wer nicht an seinen Schülern vorbei unterrichten möchte, sollte bei jedem Thema versuchen, das Interesse, das Vorwissen und die Voreinstellungen der Jugendlichen mit zu bedenken. Zugleich sollte er sich seine eigenen Präferenzen und Abneigungen bewusst machen und sie mit den vermuteten Einstellungen seiner Schülerinnen und Schüler vergleichen.

Natürlich weiß der „Lehramts-Anfänger" über die Schüler seiner ersten Unterrichtsstunde wenig. Das ist nicht schlimm. Wichtig ist, dass er sich diese Fragen stellt. Wer bei Hospitationen und im eigenen Unterricht Jugendlichen zuhören kann, erfährt darüber schon bei der Nennung des Themas viel. Die spontanen Schüleräußerungen sind zumeist aufschlussreich. Auskunft können auch die Lehrer geben, die in der Klasse unterrichten (Mentoren). Sie berichten nur zögernd und selten unaufgefordert. Kaum einer von ihnen gibt vor, die Schülerinnen und Schüler gut zu kennen. Man muss sie schon gezielt befragen. Dann aber geben sie wertvolle Hinweise und der Student bzw. Referendar erkennt, wie intensiv sie sich mit ihrer Klasse beschäftigen.

Zum besseren Verständnis der Schülerinnen und Schüler

Interessse, Vorwissen und Voreinstellungen der Schüler

Wie man etwas über die Schüler erfährt

setzt sich der Lehramtsstudent im Studium mit Einstellungs-
untersuchungen und den Ergebnissen der Sozialisationsfor-
schung auseinander. In das Ergebnis dieser Studien dürfen
aber für die unmittelbar bevorstehende Stunde keine allzu
großen Erwartungen gesetzt werden. Jede Klasse ist anders.
Lehrerinnen und Lehrer, die an ihrer Schule mehrere Klassen
einer Jahrgangsstufe im Fach Politik unterrichten, stöhnen
darüber, dass der Unterricht in jeder Klasse seinen eigenen
Verlauf nimmt. Am besten sei es, für jede Klasse gesondert
zu planen.

*Jede Klasse
ist anders*

1.2 Die Doppelrolle des Politiklehrers

Für den Anfänger ist ein gewisses Maß an Disziplin in der Klasse
von großer Wichtigkeit. Vor der ersten Stunde hat er Angst,
dass die Schülerinnen und Schüler ihn nicht ernst nehmen,
„über Tische und Bänke gehen" und Unterricht überhaupt
nicht stattfindet. Er ist glücklich und erleichtert, wenn die
Jugendlichen ihm zuhören, auf seine Fragen antworten, seine
Anweisungen befolgen und sich ruhig verhalten.

Autorität

Jeder Lehrer benötigt Autorität, um den Unterricht in geordneten Bahnen zu halten. Im Politikunterricht endet die Rolle
als Autoritätsperson, wenn sich die Unterrichtsteilnehmer,
Lehrer und Schüler, nach einer gründlichen Untersuchung
über einen politischen Vorgang eine Meinung gebildet haben
und darüber diskutieren. Hier agieren Schüler und Lehrer als
Staatsbürger gleichberechtigt auf gleicher Augenhöhe.

*Lehrer als
gleich-
berechtigter
Diskussions-
partner*

Im Politikunterricht befindet sich der Lehrer also in einer
Doppelrolle. Mit seiner Autorität und Durchsetzungsfähig-
keit gewährleistet er einen geordneten Unterrichtsverlauf.
Bei Diskussionen aber erkennt er die Schüler als politisch
gleichberechtigt an und respektiert ihr Urteil. Kein Schüler
darf in seiner Meinungs- und Urteilsbildung vom Lehrer
überwältigt werden (Überwältigungsverbot im Beutelsbacher
Konsens; ausführlich Schiele 2004).

Diese Doppelrolle sollte sich jeder angehende Politiklehrer
vor seinen ersten Unterrichtsversuchen bewusst machen (siehe
auch S. 100-103).

Checkliste
für die ersten Unterrichtsversuche

- Habe ich mir Gedanken über das Interesse der Schülerinnen und Schüler an dem Thema, ihr Vorwissen und ihre Voreinstellungen gemacht?
- Habe ich den Mentor darüber befragt?
- Weiß ich, dass meine Schülerinnen und Schüler über das Thema anders denken als ich selbst?
- Hole ich meine Schülerinnen und Schüler da ab, wo sie stehen? Setze ich zu wenig oder zu viel an Kenntnissen voraus? Über- oder unterfordere ich sie?
- Kenne ich die Doppelrolle des Politiklehrers?

Anmerkung

1 GZSZ ist die Abkürzung für die Vorabendserie im Fernsehen „Gute Zeiten, schlechte Zeiten".

2. Ziele

Wer seine erste Unterrichtsstunde gibt, für den besteht das vorrangige Ziel darin, die Stunde mit Anstand zu überstehen. Jeder ist glücklich, wenn sich die Schülerinnen und Schüler halbwegs ordentlich benehmen und sich nicht über einen lustig machen. Niemand „hampelt" gerne mit großem Einsatz vor der Klasse herum, während die Jugendlichen anderen Tätigkeiten nachgehen oder die wirklich wichtigen Dinge des Lebens untereinander bereden. Die Ängste des Neulings vor dem Betragen seiner Schüler sind zumeist unberechtigt. Angehende Lehrerinnen und Lehrer sind jung. Die Neugierde auf den „jungen" Lehrer hebt die Bereitschaft zur Unterrichtsbeteiligung. Das Interesse der Schülerinnen und Schüler an der Person des Lehrers lässt in der ersten Unterrichtsstunde fast immer ein lebhaftes Gespräch in Gang kommen.

Unbegründete Ängste

Hat man die erste(n) Stunde(n) heil überstanden, dann stellt sich jedem angehenden Lehrer die Frage, wozu er unterrichtet, und damit die Frage nach den Zielen des Politikunterrichts.

Für eine Unterrichtsstunde oder gar für eine mehrstündige Einheit Ziele festzulegen und zu formulieren, ist eine schwierige Aufgabe. Um sie zu bewältigen, muss man sich vorher Gedanken über die allgemeinen Zielsetzungen des Politikunterrichts gemacht haben. Mit dieser Aufgabe kann man gar nicht früh genug beginnen. Wer das Fach „Politik" unterrichtet, stellt bei Planung und Durchführung seiner Stunde bzw. Einheit immer einen Bezug zu diesen allgemeinen Zielen des Faches her.

Allgemeine Zielsetzungen

Jede Politiklehrerin und jeder Politiklehrer verfolgt eigene Zielvorstellungen. Trotz verordneter Lehrpläne sind hier eigene Akzentuierungen durchaus möglich. Wenn z.B. bei Unterrichtsbesuchen Übereinstimmung der eigenen Zielsetzungen mit den Rahmenrichtlinien gefordert wird, kann diese fast immer leicht und überzeugend nachgewiesen werden[1]. Wichtig ist, dass der Lehrer eine allgemeine Zielsetzung für seinen

Unterricht besitzt und darauf alle seine Überlegungen bei der Planung und Durchführung von Unterricht auch ausrichtet.

Drei
Vorschläge

Um den Einstieg in die Zielüberlegungen zu erleichtern, werden hier drei Vorschläge gemacht. Der dritte entspricht den meisten Rahmenrichtlinien und sollte daher für benotete schriftliche Entwürfe herangezogen werden.

2.1 Zielsetzung: Interesse für Politik wecken

Für viele Menschen ist ‚Politik‘ ein schwer zugänglicher und verständlicher Bereich. Für sie wird ‚Politik‘ in Berlin, Brüssel, Washington und anderen von ihnen weit entfernten Entscheidungszentren über Inhalte ausgetragen, deren Bezeichnungen bereits unverständlich sind und die scheinbar mit der eigenen Alltagswelt und ihren Problemen nichts zu tun haben. Von Besuchen und der Tagesschau her sind ihnen in Berlin zumindest das Brandenburger Tor, das Bundeskanzleramt und das Reichstagsgebäude mit seiner markanten Kuppel bekannt. Über die Europäische Union (EU) wissen die meisten Bürgerinnen und Bürger nur wenig; europäische Institutionen und deren wechselseitige Abhängigkeit voneinander kennen sie nicht. So wird „Brüssel" für viele zum Inbegriff von Kosten und Bürokratie und die EU-Verdrossenheit wächst. Kaum wahrgenommen wird, dass dank der EU heute in Europa der Frieden so sicher ist wie niemals in den letzten 2000 Jahren zuvor.

Unwissen

Bei der gespürten Politikferne wird vielen Bürgerinnen und Bürgern nicht bewusst, wie tief politische Entscheidungen in ihr Leben eingreifen. Ein drastisches Beispiel: Wer vor 1989 als Soldat in der Bundeswehr diente, konnte davon ausgehen, niemals kämpfen zu müssen außer im schlimmsten, aber recht unwahrscheinlichen Fall eines großen, das Ende Europas bedeutenden Krieges. Nach der Zeitenwende 1989/90 gewöhnte man sich in Deutschland überraschend schnell daran, dass Bundeswehrsoldaten in entlegene Gegenden der Welt geschickt werden und sich dort großen Gefahren ausgesetzt sehen. Für Bundeswehrsoldaten sind die politischen

Politikferne
und
Politiknähe

Veränderungen gravierend. Über 50 von ihnen sind bislang bei Auslandseinsätzen getötet worden.

In welcher Rolle kommen wir, die einfachen Bürgerinnen und Bürger, in der Politik vor? Niemand von uns nimmt in Berlin oder in der Hauptstadt des eigenen Bundeslandes an politischen Auseinandersetzungen und damit am Kampf um Macht zur Lösung von Problemen teil. Dennoch beteiligen auch „wir da unten" uns an der Politik, denn wir leben in einer Demokratie. Der Althistoriker Hermann Strasburger forderte dazu auf, vergangene politische Prozesse nicht nur aus der Sicht der politischen Akteure, sondern auch aus der Perspektive derjenigen zu sehen, „die bei den Spänen waren, als die Männer hobelten, die Geschichte machten". Sein Forschungsgebiet war der Aufstieg und der Niedergang der römischen Republik. In dieser Zeit befanden sich die Bürger Roms ebenso wie die Bewohner Italiens und des Mittelmeerraumes in der Rolle der Späne, die macht- und hilflos von starken Männern durcheinander gewirbelt wurden. In einer Demokratie dagegen haben zumindest am Wahltag die Männer und Frauen, die Politik machen, das Gefühl, von den Wählerinnen und Wählern wie Späne behandelt und durcheinander gewirbelt zu werden.

Die Rolle der Bürger in der Politik

Viele Bürgerinnen und Bürger gehen zur Wahl und entscheiden erst am Wahltag oder kurz zuvor aus einem spontanen Gefühl heraus über ihre Stimmabgabe. Andere verfolgen aufmerksam über all die Jahre einer Legislaturperiode hinweg das politische Geschehen und treffen dann wohl überlegt ihre Wahlentscheidung.

Was veranlasst diese Bürgerinnen und Bürger, die Vorgänge auf der politischen Ebene zu beobachten, sich dazu eine eigene Meinung zu bilden und am Wahltag rational und verantwortungsbewusst den Wahlzettel auszufüllen? In erster Linie ist es ihre Interessenlage. Sie nehmen aufmerksam wahr, welche politischen Akteure mit welchem Erfolg für ihre Interessen eintreten. Mit ihrer Stimmabgabe wollen sie erreichen, dass die Eingriffe der Politik in ihr Leben oder in das Leben anderer, mit denen sie sich solidarisch fühlen, ihren Interessen entsprechen.

Eigene Interessenlage führt zu Interesse an der Politik

Im Alltag begegnet der Einzelne Problemen, die er allein oder zusammen mit seiner Familie und mit Arbeitskollegen nicht bewältigen kann. Hier ist die Politik gefordert. Gegenwärtig ist beinahe in jeder Familie mindestens ein Mitglied von Arbeitslosigkeit bedroht. Jeder kann selbst einen Beitrag dazu leisten, nicht arbeitslos zu werden (guter Schulabschluss, hartnäckiges Bemühen um einen Ausbildungsplatz, erfolgreiches Studium). Von der Politik werden aber auch Anstrengungen erwartet. Gelingt es ihr, das Wirtschaftswachstum anzukurbeln, dann, so lautet das häufig zu hörende Versprechen, entstehen Arbeitsplätze. Die Bürgerinnen/Bürger können verfolgen, welche Maßnahmen die Politik zur Stärkung des wirtschaftlichen Wachstums unternimmt, ob sie damit Erfolg hat und ob mehr Wachstum tatsächlich zu mehr Arbeitsplätzen und zum Abbau der Arbeitslosigkeit führt. Ein anderes Beispiel: Wohl jeder hat inzwischen begriffen, dass er zur Vorsorge für das Alter selbst mehr tun muss als bisher. In Deutschland wird gegenwärtig fleißig gespart. Mit individuellen Maßnahmen allein können aber viele keine ausreichende Sicherheit für sich im Alter gewährleisten. Altersarmut wird in Zukunft zu einem großen Problem. Die Politik steht vor der Aufgabe das System der Alterssicherung krisenfest zu machen.

Die Frage „Was bedeutet eine politische Entscheidung für mich und meine Zukunft?" weckt Interesse an Politik. Man wird neugierig auf die politischen Akteure in Berlin, Brüssel und anderswo, die Inhalte, mit denen sie sich beschäftigen, und die Konflikte, die sie dabei austragen.

Verstärkt wird die beobachtende Beteiligung am politischen Geschehen durch die Spannung, die politische Vorgänge auslösen. Das Ergebnis von politischen Prozessen ist offen und nur selten vorhersehbar. Kaum jemand hat den Ausgang der Bundestagswahl vom 18. September 2005 richtig prognostiziert. Der Wahlabend war für die Akteure in Berlin ebenso spannend und interessant wie für die Zuschauer vor den Fernsehapparaten „draußen im Land". Der Auftritt von Bundeskanzler Schröder ist heute noch vielen in Erinnerung.

Schülerinnen und Schüler beteiligen sich am Unterricht,

wenn sie der Inhalt interessiert. Dieser Satz stellt eine Binsenweisheit dar. Die Schlussfolgerung, die daraus zu ziehen ist, vergessen aber manche Lehrerinnen und Lehrer. Ihnen genügt, dass der Inhalt sie selbst interessiert. Sie bemühen sich nicht darum, den Unterricht für ihre Schülerinnen und Schüler ,spannend' zu machen; sie zeigen ihnen nicht die Bedeutung von Politik für das Leben jedes Einzelnen auf.

Interesse an Politik wecken

Gelingt es der Lehrerin und dem Lehrer die Jugendlichen neugierig auf politische Probleme und Prozesse zu machen, dann haben sie angesichts des weit verbreiteten Desinteresses an Politik viel erreicht. In vielen Klassen ist mehr nicht möglich. Als Lehrer sollte man sich dann auch mit dieser realistischen Zielsetzung zufrieden geben und sich und seine Schüler nicht überfordern. Misserfolgserlebnisse, die Lehrer und Schüler gleichermaßen frustrieren, sind häufig die Folgen übersteigerter Erwartungen.

Die allgemeine Zielsetzung „Interesse für Politik wecken" bringt für alle Unterrichtsteilnehmer Vorteile mit sich. In einem Unterricht mit dieser Zielsetzung müssen Kenntnisse nur in bescheidenem Umfang vermittelt und im Grunde nicht gelernt werden. Die Jugendlichen müssen sich auch nicht unbedingt mit schwierigen Denkaufgaben abplagen. Der Unterricht soll „lediglich" ihr Interesse für Politik wecken, und das kann die Lehrerin, der Lehrer erreichen, ohne von den Jugendlichen allzu viel zu fordern.

Vorteile der Zielsetzung „Interesse wecken"

Die Bedeutung dieser Zielsetzung sollte nicht gering eingeschätzt werden. Ist der Politikunterricht erfolgreich, dann werden die Jugendlichen sich nach der Schulzeit auch ohne Anleitung des Lehrers mit Politik beschäftigen. Sie werden die Nachrichten im Fernsehen ansehen, den politischen Teil der Tageszeitung zumindest überfliegen, zur Wahl gehen und dabei überlegt die Entscheidung über ihre Stimmabgabe treffen. Mit einem solchen Ergebnis seines Politikunterrichts kann jeder Lehrer hoch zufrieden sein.

Neben der eigenen Interessenlage und der Spannung weckt bei einem Demokraten auch Verantwortungsbewusstsein Aufmerksamkeit für Politik. Zur Wahrnehmung der Bürgerrolle in einer Demokratie gehört es auf mögliche Fehlentwicklungen

Verantwortungsbewusstsein für Politik

in Gesellschaft und Staat zu achten, sie frühzeitig zu erkennen und ihnen rechtzeitig von unten entgegenzuwirken.

*Bürger-
beteiligung
wird oft
unterschätzt*

Der Einfluss der Bürgerinnen, Bürger in einer Demokratie auf die Politik wird gerne unterschätzt. Entgegen der weit verbreiteten Ansicht „Wir da unten können ja doch nichts tun!" können Bürgerinnen und Bürger Entscheidungen herbeiführen oder zumindest politische Vorgänge stark beeinflussen. Ein Beispiel: Anfang der neunziger Jahre erweckte in Sachsen-Anhalt ein Ministerpräsident den Eindruck, sich unrechtmäßig bereichert zu haben. Der Unmut in der Bevölkerung war darüber so groß, dass seine eigene Partei, um in dem Land mehrheitsfähig zu bleiben, in wenigen Tagen den Rücktritt des Ministerpräsidenten durchsetzte. Die Demokratie war in Sachsen-Anhalt damals nicht gefährdet. Für die politische Kultur in dem neuen Bundesland war es aber von einiger Bedeutung, dass Demokraten einen von ihnen erkannten Missstand nicht klaglos hingenommen, sondern sich erfolgreich dagegen zur Wehr gesetzt haben. Bürgerbeteiligung kann sehr wirkungsvoll und durchsetzungsfähig sein. Politische Bildung will darauf hinwirken, dass sie rational und verantwortungsbewusst erfolgt.

2.2 Schüler zu kritischen Zeitungslesern ausbilden

Eng verwandt mit der allgemeinen Zielsetzung „Interesse für Politik wecken" ist das Ziel, die Schülerinnen und Schüler zur täglichen Lektüre von Zeitungen zu bewegen. Dabei sollen sie nicht nur den Sportteil und die Kinoanzeigen lesen, sondern auch den politischen Teil. Entwickeln sich zumindest einige Schülerinnen und Schüler zu regelmäßigen Zeitungslesern „mit kritischem Verstand, weder mit Verstand ohne Kritik, noch mit Kritik ohne Verstand" (Theodor Eschenburg 1985, 243), dann hat der Politikunterricht viel erreicht. Wer den politischen Teil liest, nimmt am politischen Geschehen teil und übt, so ist die Hoffnung, überlegt sein Wahlrecht aus. Zum andern sind die Zeitungen als Teil der vierten Gewalt auf Käufer und Leser angewiesen. Gegenwärtig unternehmen

*Zeitungsleser
mit kritischem
Verstand*

Zeitungen große Anstrengungen, Schülerinnen und Schüler als zukünftige Käufer und Abonnenten zu gewinnen. Diese Bemühungen verdienen die Unterstützung des Politikunterrichts und der Politischen Bildung. Eine blühende Zeitungskultur festigt die Demokratie.

2.3 Zielsetzung: Förderung des selbstständigen politischen Denkens und Handelns

Anspruchsvoller sind die Zielsetzungen, die Schülerinnen und Schüler zum rationalen und selbstständigen politischen Denken (Analysieren und Urteilen) und Handeln zu befähigen und ihre Bereitschaft dazu zu wecken. Die Verwirklichung dieser Zielsetzungen setzt bei den Jugendlichen Wissen voraus. In einer Unterrichtseinheit ist es daher zunächst einmal notwendig, den Schülerinnen und Schülern Kenntnisse zum Thema zu vermitteln. Ohne Wissen über den politischen Inhalt kann niemand selbstständig politisch denken.

Notwendigkeit von Wissen

Im Politikunterricht wird nach wie vor viel Wissen vermittelt. Es wäre einiges gewonnen, wenn diese Informationen in der Unterrichtseinheit auch zum politischen Analysieren, Urteilen und Handeln genutzt und nicht nur zum bloßen Selbstzweck bzw. zum bequemen Abfragen nach Beendigung der Unterrichtseinheit an die Schülerinnen und Schüler weitergeleitet werden. Wer Kenntnisse lehrt, sollte sich daher immer fragen: **Warum** sollen sich die Schülerinnen und Schüler dieses Wissen aneignen? **Wozu** benötigen sie es? Benötigen sie das Wissen zur Bearbeitung von mir gestellter Aufgaben?

Wissen darf kein Selbstzweck sein

Neben dem Erwerb von Kenntnissen sind wichtige Aufgaben im Politikunterricht:
- die Analyse von ‚Politik‘
  und
- die Beurteilung von ‚Politik‘.

Analyse und Beurteilung von Politik ...

Diese beiden Aufgaben bereiten das politische Handeln vor (z.B. die Entscheidung über die Stimmabgabe bei Wahlen). Wer politisch handelt, sollte vorher die Lage analysiert und sich über den politischen Vorgang ein eigenes Urteil gebildet haben. Die Befähigung zur Analyse und zur Beurteilung von politischen Prozessen als Vorbereitung für das eigene politische Handeln sowie die Vermittlung der dazu notwendigen Kenntnisse sind Aufgaben der politischen Bildung, speziell des Politikunterrichts an den Schulen[2]. Die Jugendlichen sollen in die Lage versetzt werden, sachkundig und wertorientiert Entscheidungen zu treffen und über ihr politisches Handeln nachzudenken[3].

Der Politikunterricht in der Schule schafft so die Voraussetzungen für ein rationales politisches Handeln der Bürgerinnen und Bürger in einer Demokratie. Hier lernen die zukünftigen Staatsbürger, welche Möglichkeiten in einer Demokratie sie über den Gang zur Wahl hinaus zur politischen Beteiligung besitzen (Klein, Schmalz-Bruhns 1997; Steinbrecher 2009) und wie sie diese überlegt nutzen können[4]. Die Einflussmöglichkeiten, die sich in der Demokratie jedem Einzelnen eröffnen, im Sinne eigener Interessen zu nutzen, ist ein Gebot der Klugheit. Die Fähigkeiten, diese Chancen zu nutzen, vermittelt die politische Bildung; sie bemüht sich auch darum, die Bereitschaft dazu bei den Jugendlichen als den zukünftigen Bürgern zu wecken.

... als Voraussetzung für rationales politisches Handeln

Handlungsorientierung

Die Zielsetzung „Politisches Handeln" kann missverstanden werden. Die Schülerinnen und Schüler sollen im Unterricht nicht selbst politisch handeln[5]. Wer sich aber zu einem politischen Vorgang oder über unterschiedliche politische Problemlösungen ein Urteil gebildet hat, für den ist es lohnenswert auch darüber nachzudenken, was er tun kann, damit eine politische Entscheidung in seinem Sinne herbeigeführt wird (vgl. Dritter Beutelsbacher Konsenssatz; Schiele 2004). Schülerinnen und Schüler können daher im Politikunterricht nach der Analyse und Beurteilung eines politischen Vorgangs für sich eine politische Handlungsorientierung entwickeln.

In einer repräsentativen Demokratie sind die Beteiligungs- möglichkeiten für den einzelnen Bürger begrenzt. Der über- legten Stimmabgabe bei Wahlen kommt die größte Bedeutung zu. Politische Beteiligung kann aber auch darin bestehen sich zu informieren, sich eine eigene Meinung zu bilden und diese im Gespräch mit anderen zu vertreten. Bürgerinnen und Bürger können sich mit anderen zusammentun, eine Demonstration organisieren und in einer Bürgerinitiative, einem Verband oder einer Partei mitarbeiten. Bürgerlicher Ungehorsam und gewaltloser Widerstand sind „schwierige" Alternativen der politischen Beteiligung. Jugendliche sollten im Unterricht davon nicht abgehalten werden; sie müssen aber nachdrücklich auf mögliche negative Folgen für ihr zukünftiges Leben aufmerksam gemacht werden. Gewalt als Mittel der Politik ist in einer Demokratie immer abzulehnen.

Beteiligungs- möglichkeiten des einzelnen Bürgers

Die Zielsetzung ‚Förderung des rationalen und selbst- ständigen politischen Denkens und Handelns' kann zum besseren Verständnis auch in den größeren Zusammenset- zung der Schulbildung gestellt werden. Der Schulunterricht in allen Fächern verfolgt das allgemeine Ziel „Mündigkeit". Die Jugendlichen sollen lernen, sich ihres „Verstandes ohne die Leitung eines anderen zu bedienen" (Immanuel Kant), und selbstständig denken und handeln. Im Politikunterricht sollen sie das selbstständige politische Denken und Handeln („Sehen, Beurteilen, Handeln"[6]) kennenlernen und üben.

Mündigkeit

2.4 Ergänzende Zielsetzungen im Politikunterricht: Soziales Lernen und Lebenshilfe

Durch Politik wird eine demokratische Gesellschaft ent- scheidungsfähig. Im Rahmen der Verfassung üben vom Volk gewählte Vertreter Herrschaft aus. Vom Volk, d.h. von den einzelnen Bürgerinnen und Bürger, wird erwartet, dass sie sich an ‚Politik' beteiligen und insbesondere am Wahltag ihre Stimme überlegt und nicht aus einer vorübergehenden Laune sozusagen aus dem Bauch heraus abgeben. Zur Staatsbürger- rolle in der Demokratie gehören daher die Bereitschaft und

Bürgerrolle in der Demokratie

Fähigkeit, politische Prozesse sachkundig und interessiert zu verfolgen, durch Beteiligung Einfluss auf die Politik zu nehmen und Kontrolle auszuüben.

Die Staatsbürgerrolle bezieht sich zunächst auf die Bundesrepublik Deutschland. In Deutschland und in 26 weiteren europäischen Staaten kommen Aufgaben als EU-Bürgerinnen und -Bürger hinzu. Häufig wird übersehen, dass die Jugendlichen in eine doppelte Bürgerrolle hineinwachsen. Zum einen werden sie Bürgerinnen und Bürger der Bundesrepublik Deutschland. Zugleich werden sie damit auch EU-Bürgerinnen und -Bürger. Der Politikunterricht bereitet die Jugendlichen darauf vor.

EU-Bürgerschaft

Exkurs:
Die doppelte Staatsbürgerrolle

Im Vertrag von Maastricht 1992 über die Europäische Union wird der Begriff „Unionsbürger" verwandt. Wer die Staatsangehörigkeit eines Mitgliedsstaates der EU besitzt, ist zugleich Unionsbürger (Ackermann 2004, 15). Auf die europäische Bürgerrolle wird im Politikunterricht fast immer weit weniger als auf die nationalstaatliche Bürgerrolle hingewiesen. Nimmt sich eine angehende Politiklehrerin, ein Politiklehrer vor, dies im Politikunterricht zukünftig zu ändern und die Schülerinnen und Schüler auf beide Bürgerrollen gleichberechtigt vorzubereiten, so wird sie, er für diese neue Zielrichtung in den Rahmenrichtlinien und Lehrplänen genügend Rückendeckung finden.

Kenntnisse und die Bereitschaft sowie die Fähigkeit zum politischen Sehen, Beurteilen, Handeln machen einen wesentlichen Teil der Staatsbürgerrolle in einer Demokratie aus. Dazu gehört aber mehr.

2.4.1 Aufgaben des Sozialen Lernens

Demokratie ist eine Herrschaftsform; sie wird zum einen von den ‚Politikern' in Regierung und Parlament, von den Beamten in der Verwaltung und von Richtern verwirklicht.

Soll eine Demokratie Bestand haben, dann reicht dies nicht aus. Demokratie und damit demokratische Werte wie Menschenwürde, Freiheit, Gleichheit/Gerechtigkeit und Solidarität müssen auch im Alltag von den Bürgerinnen und Bürgern „gelebt" werden. Wie kann dies geschehen? Was muss der Einzelne dazu lernen?

Demo-kratische Werte müssen gelebt werden

Vor 1945 wurden Jugendliche in Deutschland dazu erzogen, die Werte „Pflicht – Gehorsam – Vaterland" in hohen Ehren zu halten. Viele Eltern, Lehrer und Pfarrer bemühten sich mit Erfolg um die Verinnerlichung dieser Werte bei den Heranwachsenden. Mit der Ausrichtung auf diese Werte verbanden die Erzieher in den Familien, Kirchen und Schulen die Erwartung, dass die jungen Männer in einem zukünftigen Krieg tapfer und gehorsam für Deutschlands Größe kämpfen würden.

Werte im Obrigkeitsstaat

Der Obrigkeitsstaat von 1870/71 bis 1945 mit seinem Tiefpunkt in der NS-Diktatur ist heute überwunden. In Deutschland gibt es seit über 60 Jahren eine Demokratie. Die alten Grundwerte aus dem Kaiserreich, die in den Jahren 1933 bis 1945 von der NS-Führung und den wirtschaftlichen, militärischen und kulturellen Eliten Deutschlands zu unvorstellbaren Verbrechen und zum Völkermord genutzt wurden, sind demokratischen Grundwerten gewichen. Die Menschen sind nicht mehr für den Staat da, sondern der Staat ist für die Menschen da (Albert Einstein). Aufgabe aller staatlicher Gewalt ist es, die Würde des Menschen zu achten und zu schützen (Art. 1 GG).

Verfassung und Staat können allein den Bestand der Demokratie nicht garantieren. Die Demokratie ist auf Dauer nur dann gesichert, wenn die Bürgerinnen und Bürger ihre Rolle in der Demokratie wahrnehmen. Neben der politischen Beteiligung gehört dazu ein demokratisches Verhalten gegenüber anderen, gegenüber den Mitmenschen. Der Einübung und Verinnerlichung dieses Verhaltens dient das Soziale Lernen. Im Unterricht aller Schulfächer und insbesondere im Politikunterricht wird von den Lehrerinnen und Lehrern erwartet, dass sie neben den Fachaufgaben ihre Schülerinnen und Schüler immer zu der selbstbestimmten Orientierung an demokratischen Verhaltensnormen anhalten.

Demokratische Werte und demokratisches Verhalten

Die Staatsbürgerrolle in der Demokratie

Politisches Lernen	*Soziales Lernen*
Kenntnisse und Befähigung zum politischen Sehen, Beurteilen, Handeln	Orientierung an demokratischen und sozialen Verhaltensnormen im alltäglichen Umgang mit anderen

Das Verhalten eines Bürgers in der Demokratie gegenüber anderen orientiert sich an dem Fundamentalwert Menschenwürde. Menschenwürde umfasst die demokratischen Grundwerte: ‚Freiheit, Gleichheit/Gerechtigkeit, Solidarität'. Diesen Grundwerten können demokratische und soziale Verhaltensnormen zugeordnet werden.

Demokratische und soziale Verhaltensnormen oder Tugenden

Freiheit	Gleichheit/ Gerechtigkeit	Solidarität
sich seines eigenen Verstandes bedienen ohne Leitung eines anderen,	Gewaltlosigkeit,	Uneigennützigkeit,
	Wahrnehmung und Achtung des anderen,	Anteilnahme,
Eintreten für eigene Interessen,	Fairness, Toleranz,	Verantwortungs- und Hilfsbereitschaft
Bereitschaft zur Kritik und zur Austragung von Konflikten,	Eintreten für Gerechtigkeit,	
	Rücksichtnahme, Kompromissbereitschaft,	
Anstand, Zivilcourage[7]	Anstand, Zivilcourage	Anstand, Zivilcourage

Mit der Kenntnis des Zusammenhangs von Menschenwürde, Grundwerten und den demokratischen und sozialen Verhaltensnormen kann jeder für sich klären, wie er sein Verhalten gegenüber anderen ausrichtet. Das ist keine einfache Aufgabe. Ebenso wie zwischen den Grundwerten besteht auch zwischen den demokratischen Verhaltensnormen oder Tugenden ein Spannungsverhältnis. Dieses Spannungsverhältnis muss von jedem Einzelnen in jeder Alltagssituation immer wieder aufs Neue aufgelöst werden. So besitzt ein Bürger in einer Demokratie die Freiheit, für eigene Interessen einzutreten und sie entgegen dem Willen anderer auch durchzusetzen. Zugleich ist er zum Schutz der Freiheit und der Würde seiner Mitmenschen und damit zur Hilfe für andere verpflichtet (Grundwert Solidarität), auch wenn er damit seinen eigenen Interessen schadet.

Ein Staatsbürger, der Politik analysieren, beurteilen und sich an Politik beteiligen kann, sich aber unsozial anderen gegenüber verhält, wird seiner Rolle in der Demokratie ebenso wenig gerecht wie ein Bürger, der sich in seinem Umgang mit anderen an demokratischen Verhaltensnormen orientiert, zur eigenständigen und rationalen politischen Urteilsbildung und zur politischen Beteiligung aber nicht fähig ist. In einer Schule, in der das Schulleben und der Unterricht in allen Fächern auch dem Einüben von sozialen und demokratischen Verhaltensnormen dient, kann der Politikunterricht sich schwerpunktmäßig auf das „Politik lernen" ausrichten. Neigen die Schülerinnen und Schülern zur Gewaltausübung und praktizieren sie nicht den gewaltlosen, fairen und gleichberechtigten Umgang mit anderen, dann sollte gerade der Politikunterricht sich schwerpunktmäßig dem „Sozialen Lernen" zuwenden. Schülerinnen und Schüler, die das politische Sehen, Beurteilen, Handeln lernen, sollten soziales und demokratisches Verhalten bereits verinnerlicht haben. Ohne diese Voraussetzung fehlt dem „Politischen Lernen" das Fundament.

2.4.2 Umsetzung im Unterricht

Das klingt abstrakt und kompliziert, kann aber leicht in der Praxis umgesetzt werden. Alle Lehrer achten wie von selbst auf Gewaltlosigkeit, Fairness und Toleranz im Unterricht. Sie wirken darauf hin, dass die Schüler sich im Unterricht gegenseitig helfen, respektvoll miteinander umgehen und niemand lächerlich gemacht wird. In Partner-[8] und Gruppenarbeit können sich die Jugendlichen während des Unterrichts im sozialen Umgang mit anderen ohne direkte Anleitung des Lehrers erproben.

Das Eintreten für eigene Interessen üben.

Nur wenige Lehrer fördern dagegen die Jugendlichen in der Wahrnehmung eigener Interessen gegenüber anderen. Kaum ein Schüler wird im Unterricht dazu angehalten von seiner Freiheit Gebrauch zu machen, sich für seine Interessen einzusetzen und für den eigenen Vorteil zu kämpfen. Im Politikunterricht geben Diskussionen[9] den Jugendlichen eine gute Gelegenheit, ihre Freiheit zu erproben, auch gegenüber dem Lehrer und der Mehrheit der Klasse die eigene Ansicht zu vertreten und nicht sofort diesen Standpunkt aufzugeben und sich den anderen anzuschließen. Diese Standhaftigkeit zu unterstützen, gehört auch zu den Aufgaben des Lehrers bei der Vermittlung von demokratischen Verhaltensnormen.

2.4.3 Lebenshilfe

Im Politikunterricht behandelt der Lehrer – gar nicht so selten – Themen mit der Absicht, den Schülerinnen und Schülern, die in seiner Klasse vor ihm sitzen, zu helfen und sie vor Dummheiten zu bewahren. Todesfälle beim Koma-Saufen machen es ratsam vor den Gefahren des Alkohols zu warnen. Das Thema „Drogen" wird beinahe immer mit dem Ziel behandelt, die Jugendlichen von der Einnahme von Drogen abzuhalten. Unterricht zu Jugendkriminalität will die Heranwachsenden vor dem Einstieg in eine kriminelle Karriere

Lebenshilfe ist nützlich, aber unpolitisch

bewahren. Die Warnung vor Verschuldung kann für die Schülerinnen und Schüler nützlich sein. Beliebt ist der Unterricht mit Hinweisen für den Kauf eines Computers (früher: Kauf eines Mopeds). Unterrichtsstunden mit diesen und ähnlichen

Zielsetzungen wollen den Jugendlichen helfen. Politische Aspekte werden nicht berührt. Die Intention „Lebenshilfe" hat, streng genommen, mit Politikunterricht nichts zu tun. Ist der Lehrer mit dieser Zielsetzung erfolgreich, so steht der Nutzen außer Frage. Niemand soll daher vor einem solchen Unterricht abgehalten werden. Politiklehrerinnen und -lehrer sollen sich dabei aber immer über den unpolitischen Inhalt ihres Unterrichts im Klaren sein; sie sollen wissen, was sie tun.

Anmerkungen

1 In der Herstellung dieser Übereinstimmung die wichtigste Aufgabe eines fachdidaktischen Studiums zu sehen, ist sicherlich übertrieben.

2 Die Didaktik der politischen Bildung zerfällt in zwei Teile: Didaktik des Politikunterrichts, Didaktik der (außerschulischen) Jugend- und Erwachsenenbildung.

3 Zu Analysekategorien, Urteilskriterien und Beteiligungsmöglichkeiten s. Breit, Massing (Hg.) 2006, 296-301; vgl. Breit, Frech 2010

4 Mehr Informationen dazu kann man in dem Bürgerhandbuch von Paul Ackermann (Ackermann 2004) nachlesen.

5 Es gab in der Geschichte der politischen Bildung Fachdidaktiker, die diese Auffassung vertreten haben. Sie sind aber immer in der Minderheit geblieben.

6 Diese Formulierung stammt von dem Didaktiker Wolfgang Hilligen. Er hat eine der bekanntesten Didaktiken der politischen Bildung veröffentlicht (Hilligen 1985; vgl. Gagel 2007). In einer didaktischen Konzeption gibt der Autor seine Antworten auf die didaktischen Fragen nach dem Was, Wozu, Womit, Wie und Unter welchen Bedingungen des politischen Lehrens und Lernens.

7 Die Mehrfachnennungen machen darauf aufmerksam, dass eine Zuordnung der Verhaltensnormen zu einzelnen Grundwerten im Grunde nicht möglich ist. Die analytische Trennung erfolgt hier nur, um den Zusammenhang zwischen Grundwerten und sozialen Verhaltensnormen zu verdeutlichen.

8 Teil II enthält zwei ausgearbeitete Unterrichtsentwürfe, in denen eine Partnerarbeit vorgesehen ist.

9 Diskussionen sind ebenfalls in beiden Unterrichtsentwürfen vorgesehen.

Checkliste
für die ersten Unterrichtsversuche

- Geht mein Unterricht über die bloße Wissensvermittlung hinaus?

- Bin ich mir über die allgemeine(n) Zielsetzung(en) meines Politikunterrichts im Klaren?

- Verfolge ich mit meinem Unterricht eine allgemeine Zielsetzung des Politikunterrichts (Interesse für Politik wecken, Heranbilden von kritischen Zeitungslesern, Befähigung zum politischen Sehen, Beurteilen, Handeln; Soziales Lernen als Ergänzung zum politischen Lernen bei der Vorbereitung auf die Staatsbürgerrolle in der Demokratie)?

- Dient mein Unterricht der „Lebenshilfe"? Ist er unpolitisch?

- Kann ich meine allgemeine Zielsetzung mit den Aussagen der Rahmenrichtlinien in Übereinstimmung bringen?

- Kann ich einen Bezug von meiner geplanten Unterrichtsstunde zu einer allgemeinen Zielsetzung des Politikunterrichts herstellen?

3. Inhalt des Politikunterrichts

Die Bezeichnung „Politikunterricht" weist darauf hin, dass Politik den Inhalt des Politikunterrichts bildet[1]. Das klingt banal und selbstverständlich. Die Frage nach dem Inhalt von Politikunterricht ist aber nach wie vor in der Didaktik der politischen Bildung umstritten (Inhalt des Politikunterrichts: Nur Politik *oder* Gesellschaft, Wirtschaft, Recht und Politik).

Politik als Inhalt des Politikunterrichts

Für die ersten Unterrichtsversuche gehen wir von Politik als dem Inhalt des Politikunterrichts aus. Was ist Politik? Auf diese einfache Frage gibt es viele, fast zu viele Antworten (Rohe 1994).

3.1 Was ist ‚Politik'?

Politik kann als die Gestaltung von Ordnung für das Zusammenleben von Menschen bezeichnet werden. In einer Demokratie muss diese Ordnung so beschaffen sein, dass die Menschen in Frieden frei, gleichberechtigt und solidarisch zusammenleben können.

Definition von Politik

„Politik ist das noch nicht Entschiedene" (Hermann Giesecke[2]). Diese Definition macht darauf aufmerksam, dass die Vorstellungen z.B. über die Ordnung für das Zusammenleben von Menschen unterschiedlich sind. Zwangsläufig setzt eine Auseinandersetzung darüber ein, wer sich mit seinen Zielen durchsetzt.

Politik kann auch als Kampf um Macht angesehen werden. Dabei ist Macht nach einer bekannten Definition von Max Weber[3] die Fähigkeit einer Person oder eines kollektiven Akteurs wie z.B. eines Staates, eigene Ziele auch gegen den Widerstand anderer durchzusetzen.

Wer als Politiker eigene Vorstellungen verwirklichen, Ziele erreichen, Aufgaben bewältigen und Probleme lösen will, benötigt Macht. Jeder politische Akteur muss daher bestrebt sein, in dem Amt und in der Funktion, die er inne hat[4], Macht zu erwerben und bereits errungene Machtpositionen zu erhalten. Um noch einmal Max Weber zu zitieren: Macht ist „das unvermeidliche Mittel und Machtstreben daher eine der treibenden Kräfte aller Politik" (Weber 1990, 28).

Macht als Mittel der Politik

In einer Demokratie werden Entscheidungen im Parlament nach der Mehrheitsregel getroffen. Für Politiker und deren Parteien/Fraktionen kommt es darauf an, bei Abstimmungen die Mehrheit zu besitzen. Bei politischen Auseinandersetzungen geht es also nicht um Wahrheit bzw. um die Richtigkeit einer Entscheidung (Wer bestimmt über das, was wahr und richtig ist?), sondern um die Mehrheit. Der Kampf um die Mehrheit wird nach Regeln geführt. Gewalt als Mittel der Politik scheidet in einer Demokratie aus.

Macht und Mehrheit

Wer Politik als die Gestaltung menschlicher Ordnung definiert, konzentriert sich auf die Bewältigung von (gesellschaftlichen) Problemen und die Ausformung des politischen Handlungsrahmens nach der Vorgabe von Werten. Wer Politik als den Kampf um Macht ansieht, für den stehen politische Auseinandersetzungen im Vordergrund. Diese Auseinandersetzungen werden in einer Demokratie nach Regeln geführt, hinter denen die Menschenwürde und die demokratischen Grundwerte Freiheit, Gleichheit/Gerechtigkeit und Solidarität stehen. In den Auseinandersetzungen geht es darum, die eigene Problemlösung durchzusetzen bzw. die Problemlösung des politischen Gegners zu verhindern, dem Gegner zu schaden und selbst in eine vorteilhafte Position zu gelangen. Bisweilen erscheint Politik als inhaltsarm, ja inhaltsleer. Es geht „nur" darum, Macht bzw. die Mehrheit zu erringen und zu bewahren.

Politische Auseinandersetzungen werden in einer Demokratie nach Regeln geführt

Steht der Kampf um Macht im Vordergrund?

Auszug aus einem SPIEGEL-Interview mit dem bayerischen Ministerpräsidenten und Vorsitzenden der CSU Horst Seehofer:

Seehofer: Ich habe jetzt mein ganzes politisches Leben in diesem Jahr auf zwei Termine fixiert: 7. Juni, die Europawahl, und 27. September, die Bundestagswahl.

Ich habe vor, einen furiosen Wahlkampf hinzulegen. Es wird jeden Tag daran gearbeitet. Ich werde nicht in den Urlaub fahren, nur zwischendurch mal ausschlafen.

In: Der Spiegel 8/16.02.2009, S. 27

Nimmt man diese Aussage von Horst Seehofer ernst, dann geht es dem Politiker nicht um die Bewältigung von Regierungsaufgaben und die Lösung von Problemen in Bayern und in der Bundesrepublik Deutschland, sondern vor allem um das gute Abschneiden in Wahlen 2009 und damit um den Erhalt von Macht und Mehrheiten. Wer diese einseitige Ausrichtung missbilligt, sollte sich in die Lage von Seehofer hineinversetzen. Sein politisches Überleben hängt von dem Abschneiden in den beiden Wahlen 2009 ab. Bürgerinnen und Bürgern, die Politik nicht mit den Augen von Politikern sehen, ist die Notwendigkeit des Kampfes um Macht und Mehrheiten fremd. Wer Politiker beurteilt, muss aber Machtstreben als eine „der treibenden Kräfte aller Politik" (Max Weber) anerkennen. Politiker, die hier keinen Erfolg haben, werden schnell von der politischen Bühne verschwunden sein. Politiker müssen sich daher auch auf diese Seite der Politik konzentrieren und dabei mitunter unangenehme Kompromisse eingehen. Wenn Seehofer Ministerpräsident und CSU-Vorsitzender bleiben möchte, dann erscheint 2009 seine Konzentration auf Wahlen angebracht. Die Ausschließlichkeit allerdings in Zeiten einer ernsten Wirtschafts- und Finanzkrise erstaunt.

Zumeist wird Politik als Kampf um Macht und Mehrheit nicht inhaltsleer, sondern im Zusammenhang mit Inhalten und das heißt zur Bewältigung von Problemen geführt. Bei der Untersuchung eines politischen Vorgangs werden daher seine Inhalte und Prozesse gleichrangig behandelt.

Politik als Kampf um Macht nach Regeln (Prozess) zur Durchsetzung von Zielen und zur Lösung von Problemen

Politik als Kampf um Macht zur Bewältigung von Problemen

(Inhalt) findet in einem Handlungsrahmen statt, über den vor allem die Verfassung eines Landes und bei Internationalen Beziehungen das Völkerrecht Aussagen machen. Aufgaben und Aufbau von Parlament, Regierung und Oberstem Gerichtshof sind keinen raschen Änderungen unterworfen. Daher lassen sich über staatliche Institutionen und gesellschaftliche Organisationen (Parteien, Verbände) leicht verlässliche Aussagen zusammentragen[5]. Ohne Wissen über die Verfassung eines Landes und dessen Institutionengefüge und ohne Verständnis für das politisches System können politische Inhalte und die politischen Prozesse zur Bewältigung dieser Inhalte nicht untersucht und beurteilt werden. Politische Beteiligung setzt die Vertrautheit mit dem politischen Handlungsrahmen voraus. Schülerinnen und Schüler sollen darüber im Politikunterricht Kenntnisse erwerben.

Handlungs-
rahmen

Dimensionen des Politischen

Dimensionen	Inhalte
Inhalt / policy	Politische Probleme (Aufgaben, Zielsetzungen)
Prozess / politics	Konflikte
Form / polity	Handlungsrahmen, in dem politische Auseinandersetzungen ausgetragen werden (Verfassung, Völkerrecht)

(nach: Rohe 1994)

3.2 Aufschlüsselung eines politischen Vorgangs

Bei der Planung von Politikunterricht hat es sich bewährt, mit den Dimensionen des Politischen zu arbeiten. Entsprechend den Dimensionen des Politischen wird bei der Untersuchung eines politischen Vorgangs gefragt:

Fragen mit
Hilfe der
Dimensionen

- nach dem Inhalt,
- den Auseinandersetzungen um diesen Inhalt und
- dem Handlungsrahmen, in dem diese Auseinandersetzungen geführt werden.

Zum näheren Aufschlüsseln von Politik hat sich neben den Dimensionen des Politischen auch der Politikzyklus mit den Phasen Problem, Auseinandersetzung, Entscheidung, Reaktionen, neues Problem bewährt (Ackermann u.a. 2010).

Bei der Suche nach Inhalten sind vor allem die *Probleme* zu nennen, die in der Gesellschaft bestimmten Personengruppen das Leben menschenunwürdig und/oder schwer erträglich gestalten, die von ihnen aber allein und ohne fremde Hilfe nicht gelöst werden können. Die Wochenzeitung „Die Zeit" gab einmal einem Leitartikel die Überschrift „Der fünfte Finger des Kindes am Rande des Brunnens". Darin weist der Journalist nach, dass die Politik meist viel zu spät in Aktion tritt. Selbst wenn es gut geht, wird sie erst dann aktiv, wenn das Kind sich gerade noch mit einem Finger am Rande des Brunnen festhalten kann. Oft aber ist es zu spät und das Kind ist in den Brunnen gefallen. Das Problem wurde zu lange vernachlässigt und kann daher – zum Schaden der davon betroffenen Menschen – nicht mehr gelöst oder zumindest abgemildert werden. Ein Beispiel: Jahr für Jahr nehmen die Naturkatastrophen als Folge der Klimaveränderungen zu. Die Ursachen dafür sind bekannt. Sie könnten abgestellt werden. Dazu wären aber politische Maßnahmen auf einer – gegenwärtig nur unzureichend entscheidungsfähigen – globalen Ebene notwendig[6]. Der Druck von unten, von den Bürgerinnen und Bürgern, ist, weil unorganisiert, gegenwärtig noch nicht so groß, dass solche Entscheidungen herbeigeführt werden.

Um die Lösung der politischen Probleme führen die politischen Akteure *Auseinandersetzungen.* Zunächst einmal muss das Problem in der Öffentlichkeit bekannt sein und von hier aus – vor allem von den Medien – auf die Ebene der Politik gehoben werden. Die in der Öffentlichkeit vorgetragene Forderung nach einer Problemlösung bringt die Politiker dazu sich mit dem Problem zu beschäftigen. Zuerst geht der Streit darum, ob hier ein dringlich zu lösendes Problem vorliegt oder nicht (ausführlich Breit, Massing 2006, 19 ff.). Hat die Politik das *Problem* als Aufgabe angenommen und wird darüber im Parlament debattiert, dann versuchen die Vertreter von Regierungs- und Oppositionsparteien für ihre

Problemsicht und -lösungen eine Mehrheit zu gewinnen. Die *Auseinandersetzungen* enden mit einer *Entscheidung*. Für die Lösung des Problems wird entweder eine Maßnahme herbeigeführt oder man verschiebt zunächst die Problemlösung. Wie auch die Entscheidung ausfällt, sie ruft *Reaktionen* hervor und zieht Auswirkungen nach sich. Daraus entstehen *neue Probleme*, die zu *neuen Auseinandersetzungen* und *Entscheidungen* führen. Ein neuer Politikzyklus beginnt. Politik kann so als eine prinzipiell endlose Kette von Versuchen zur Bewältigung von Problemen beschrieben werden.

Politikzyklen bzw. der politische Prozess zur Bewältigung von Problemen finden in einem *Handlungsrahmen* statt. Wer einen Politikzyklus analysieren will, muss auch diesen Handlungsrahmen kennen.

Politikzyklus und Handlungsrahmen

Politikzyklus

Politikzyklus	Handlungsrahmen
Ziele, Aufgabe, Streitfragen, Problem (Um was geht es?)	bei Innenpolitik: Verfassung und Rechtsordnung eines Landes; Institutionen und das Gefüge wechselseitiger Abhängigkeit der Institutionen und politischen Organisationen (Parteien, Verbände, Bürgerinitiativen),
Auseinandersetzung	
Entscheidung, Ergebnis	
Reaktionen, Auswirkungen	bei außenpolitischen Vorgängen: das System der internationalen Beziehungen, Völkerrecht
neue Ziele, neue Aufgaben, neue Streitfragen, neue Probleme	

Bei der Planung einer Stunde oder Einheit schlüsselt die Lehrerin, der Lehrer einen politischen Vorgang nach den Dimensionen des Politischen und/oder mit Hilfe des Politikzyklus auf und gewinnt so mögliche Inhalte für ihren/ seinen Unterricht (ausführlich: Breit, Weißeno 2004, 29 ff.).

3.3 Ein Beispiel für die Arbeit mit den Dimensionen des Politischen und dem Politikzyklus

Anfang 2006 eskalierte der Atomstreit zwischen dem Iran und der US-Regierung mit ihren Verbündeten[7]. Im Mai 2006 berichtete die Frankfurter Rundschau auf ihrer ersten Seite:

Iran droht mit Ölpreis

Im Atomstreit erhöhen auch die USA den Druck

Teheran will im Atomstreit mit der internationalen Gemeinschaft nicht nachgeben und droht im Falle einer Eskalation mit deutlich erhöhten Energiekosten.
Washington/Teheran
Nachdem Teheran die vom UN-Sicherheitsrat gesetzte Frist zum Stopp der Urananreicherung verstreichen ließ, bringen sich jetzt in dem Konflikt um das iranische Atomprogramm die Kontrahenten in Position: US-Außenministerin Condoleezza Rice sagte im Fernsehsender CBS, wenn der Sicherheitsrat der Vereinten Nationen (UN) nicht schnell genug handele, würden die US-Regierung und ihre Verbündeten nicht warten. Sie sagte aber auch, noch stünden dem UN-Sicherheitsrat eine Reihe diplomatischer Möglichkeiten offen. ...

In: Frankfurter Rundschau, 2.5.2006, S. 1

Angeregt durch die Lektüre dieser wenigen Zeilen denkt der Lehrer am 2. Mai 2006 über die Thematisierung dieses Vorgangs in seinem Politikunterricht nach. Dazu schlüsselt er sich den Atomstreit mit den Dimensionen des Politischen und dem Politikzyklus auf.

Aufschlüsselung mit Hilfe der Dimensionen des Politischen

Inhalt / Worum geht es?	Es geht um das iranische Atomprogramm, von dem für viele Staaten die Gefahr eines Atomkrieges ausgeht.
Prozess / Wer führt die Auseinandersetzung mit welchen Interessen?	Die Regierung des Iran hat die vom UN-Sicherheitsrat gesetzte Frist zum Stopp der Urananreicherung verstreichen lassen und will ihr Atomprogramm fortsetzen. Die USA will den Stopp durchsetzen.
Form/Handlungsrahmen	Die Auseinandersetzung um das Atomprogramm wird vor dem UN-Sicherheitsrat ausgetragen.

Mögliche Inhalte

Damit hat er mögliche Inhalte bzw. inhaltliche Schwerpunkte für seinen Unterricht gewonnen. In einer Unterrichtseinheit können behandelt werden:

- das iranische Atomprogramm und die damit verbundenen Folgen,
- die Auseinandersetzungen um den Stopp dieses Programms vor dem UN-Sicherheitsrat (Akteure, Interessen, Methoden),
- der UN-Sicherheitsrat (Aufgaben, Aufbau, Funktionsweise) und dessen Geltungsbereich.

Mit Hilfe des Politikzyklus kann der Vorgang noch weiter aufgeschlüsselt werden:

Phase: Problem	Von dem iranischen Atomprogramm geht die Gefahr eines Atomkrieges aus.	Handlungs- rahmen Die Auseinander- setzung um das Atomprogramm wird vor dem UN-Sicherheitsrat ausgetragen. Die USA droht damit, den Gel- tungsanspruch dieser Instituti- on nicht mehr anzuerkennen. Der Rahmen, in dem der Konflikt ausgetragen wird, erweist sich als instabil.
Phase: Auseinander- setzung	Vor dem UN-Sicherheitsrat wird um ein Stopp dieses Programms gerungen.	
Phase: Entscheidung	Teheran hat die vom UN-Sicherheitsrat gesetzte Frist zum Stopp der Urananreicherung verstreichen lassen.	
Phase: Reaktionen	Die USA droht mit einem Alleingang, wenn der UN-Sicherheitsrat nicht rasch handelt und den Stopp durchsetzt.	
Phase: Neues Problem	Die Krise verschärft sich.	

Die mit Hilfe der Dimensionen des Politischen gewonnenen inhaltlichen Schwerpunkte erfahren durch den Politikzyklus eine Ergänzung und Präzisierung. Neben der Untersuchung des iranischen Atomprogramms als Inhalt des Konflikts können im Unterricht behandelt werden:

Phasen als mögliche Inhalte des Politik-unterrichts

- die aktuelle Auseinandersetzung im Streit um das Atom-programm des Irans,
- die Steigerung der Eskalation,
- die Politik der USA gegenüber dem Iran und gegenüber dem UN-Sicherheitsrat.

Anmerkungen

1 In vielen Bundesländern heißt das Fach Wirtschaft und Politik bzw. Politik und Wirtschaft. Die Bezeichnung weist auf ein Doppelfach hin. Es werden unter dem Dach eines Faches die beiden Fächer ‚Wirtschaft' und ‚Politik' unterrichtet. Das führt zu einigen Problemen (Weißeno 2006).

2 Hermann Giesecke hat in den 60iger Jahren des vorigen Jahrhunderts eine didaktische Konzeption vorgelegt, die für die Entwicklung der politischen Bildung von großer Bedeutung war (Pohl 2004; Gagel 2007).

3 Max Weber (*21.4.1864 – †14.6.1920) war ein bedeutender Volkswirtschaftler und Soziologe. Sein Einfluss auf die Politikwissenschaft ist auch heute noch groß. Sein Vortrag „Politik als Beruf" gehört zur Pflichtlektüre eines jeden Studenten der Politikwissenschaft (1919/1990; vgl. Juchler 2007, 105 ff.).

4 Ein Beispiel: Solange Peter Struck Fraktionsvorsitzender der SPD war, wollte er immer den Verteidigungshaushalt zum Zwecke des Sparens verkleinern. Vom damaligen Bundeskanzler Schröder zum Verteidigungsminister ernannt, beschützte er den Verteidigungshaushalt mit großer Energie vor Rotstiftaktionen. Nach der Bundestagswahl 2005 erneut in das Amt des Fraktionsvorsitzenden übergewechselt, hat sein Eintreten für den Verteidigungshaushalt deutlich nachgelassen. Mit anderen Worten: Je nach Amt, das Struck innehatte, fiel sein Handeln aus.

5 Für die Behandlung des politischen Handlungsrahmens im Politikunterricht unverzichtbar ist das Buch der Bundeszentrale für politische Bildung (Adenauerallee 86, 53113 Bonn): Horst Pötzsch, Die deutsche Demokratie. 3., aktualisierte Aufl. Bonn 2003. Das Publikationsangebot der Bundeszentrale wird durch die Eingabe von „bpb" in Google zugänglich.

6 Weltinnenpolitik ist gegenwärtig nur ein Traum, der aber in Zukunft vielleicht verwirklicht wird.

7 Der Vorgang liegt über mehrere Jahre zurück. Er dient hier nur der Demonstration. Im Unterricht kann er wegen fehlender Aktualität nicht behandelt werden.

An diesem Beispiel lässt sich das Bild von Politik als einer „schier endlosen Kette von Versuchen zur Bewältigung von Problemen" (Adrienne Windhoff-Heritier) verdeutlichen. Der sich über mehrere Jahre hinziehende Streit um das iranische Atomprogramm hält bis heute an. Der Vorgang von 2006 bildet einen Politikzyklus in der schier endlosen Kette von Versuchen zur Beilegung des Konflikts. Vielleicht regt er die Leserin/den Leser dazu an, den bei der Lektüre aktuellen Zyklus in dieser Auseinandersetzung im Unterricht zu behandeln.

Checkliste
für die ersten Unterrichtsversuche

- Besitze ich eine Vorstellung von Politik (z.B. als Kampf um Macht zur Lösung von Problemen in einem vorgegebenen Handlungsrahmen)?

- Kenne ich die Dimensionen des Politischen und den Politikzyklus?

- Kann ich mit Hilfe der Dimensionen des Politischen und/oder mit Hilfe des Politikzyklus einen politischen Vorgang aufschlüsseln?

4. Das Zusammendenken von Inhalt und Zielen zu einem – vorläufigen – Thema für den Politikunterricht

Anfängern fällt vor allem der Beginn einer Unterrichtsplanung schwer. Man sitzt da, wartet auf den zündenden Einfall und die Zeit zur Vorbereitung verrinnt, die man eigentlich gar nicht hat. Darüber wird man unruhig und gerät in Aufregung. Um Panik zu vermeiden, ist es wichtig zu wissen, was man am Beginn einer Planung tun soll.

4.1 Das Zusammendenken von Inhalt und Zielen

Die Hauptaufgabe besteht darin, einen Inhalt mit Zielen zu einem vorläufigen Thema[1] zusammen zu denken. Dieses vorläufige Thema wird dann unter den gegebenen Unterrichtsbedingungen ausgeformt, d.h. die Ziele werden präzisiert, der Inhalt wird eingegrenzt, Medien werden dazu ausgesucht und die methodische Ausgestaltung wird durchdacht. Um bei der Planung in die Gänge zu kommen, entwickelt der Politiklehrer zunächst einmal eine ganze Anzahl von vorläufigen Themen, indem er mögliche Inhalte mit möglichen Zielen gedanklich verbindet. Dazu muss er aber erst einmal mögliche Inhalte und mögliche Ziele besitzen.

Entwicklung von vorläufigen Themen

Ohne Hilfe sieht sich der angehende Lehrer beim Ausfüllen dieser beiden Spalten überfordert. Wendet er dabei die Dimensionen des Politischen und/oder den Politikzyklus an, dann stellt sich die Aufgabe als lösbar heraus. Die Aufschlüsselung eines politischen Sachverhaltes macht ihn auf eine Fülle von Aspekten aufmerksam. Für den Unterricht wählt er einen aus, mit dem sich seine Schülerinnen und Schüler beschäftigen sollen. Damit hat er nicht nur einen vorläufigen Inhalt gefunden. Mit dem Wort „beschäftigen" hat er auch schon – ganz grob – die Zielsetzung formuliert und so ein vorläufiges Thema gefunden:

Ausformung von Zielen

Die Schülerinnen und Schüler sollen sich mit einem

Inhalt	Ziele
Aspekt, gewonnen durch Aufschlüsselung mit Hilfe der Dimensionen oder des Politikzyklus,	beschäftigen.

Das Wort „beschäftigen" sagt wenig aus. Daher wird präzisiert: Die Schülerinnen und Schüler sollen
- Kenntnisse über den politischen Inhalt erwerben,
- den Inhalt analysieren,
- sich darüber eine Meinung/ein Urteil bilden,
- über eigene Handlungsmöglichkeiten im Zusammenhang mit dem politischen Inhalt nachdenken.

Das klingt schon so, wie Ziele in einem schriftlicher Unterrichtsentwurf formuliert sein sollen.

Das Zusammendenken von Inhalt und Zielen zu einem vorläufigen Thema

Inhalt	Ziele
Aspekt, gewonnen mit den Dimensionen des Politischen und/oder den Phasen des Politikzyklus	darüber Kenntnisse erwerben, ihn untersuchen, sich darüber ein Urteil bilden, eine Handlungsorientierung dazu entwickeln.

Ein Anfänger tut gut daran sich bei seinen ersten Unterrichtsversuchen auf die Untersuchung von politischen Vorgängen zu beschränken. Die Vermittlung von Kenntnissen wirkt auf Schüler demotivierend. Die Urteilsbildung im Politikunterricht ist ein schwieriges Geschäft (ausführlich: Massing, Weißeno 1997; Detjen 2007). Ohne Urteilsbildung sollen die Schülerinnen und Schüler nicht über eine eigene Handlungsorientierung nachdenken. Erproben wir das Zusammendenken von Inhalt und Zielen an dem Beispiel ‚Iranisches Atomprogramm'.

Beschränkung auf die Untersuchung

Die Schülerinnen und Schüler sollen

Inhalt	Ziele
die Politik der USA gegenüber dem Iran und gegenüber dem UN-Sicherheitsrat (Dimension Prozess/Phase: Auseinandersetzung)	kennenlernen und untersuchen.

Für dieses – vorläufige – Thema findet der Lehrer in Anlehnung an die Frankfurter Rundschau die – neugierig machende – Formulierung: Erhöhen die USA den Druck?[2]

Zu diesem vorläufigen Thema kann sich der Lehrer Gedanken über die Unterrichtsbedingungen machen. Interessiert das Thema die Schüler? Über-, unterfordert sie Unterricht darüber? Besitzen sie Vorkenntnisse? Welche Einstellungen bringen sie mit (z.B. Aversionen gegenüber den USA, gegenüber dem Iran)? Reicht die zur Verfügung stehende Unterrichtszeit zur Behandlung aus? Besteht ein Bezug zu den allgemeinen Zielsetzungen meines Unterrichts?

Das Zusammendenken des vorläufigen Themas mit den Unterrichtsbedingungen

Kann das Thema nach den Antworten auf diese Fragen beibehalten werden, dann macht sich die Lehrerin an die Materialsuche[3] und stellt erste Überlegungen zur methodischen Ausgestaltung der Stunde bzw. Einheit an.

Die Entwicklung eines vorläufigen Themas bzw. einer didaktischen Perspektive erleichtert den Einstieg in das Planungsdenken. Man weiß, was man zu tun hat, und erspart sich das unproduktive Grübeln, wie man für seine Einheit Ziele, Inhalte, Methoden und Medien unter den gegebenen Unterrichtsbedingungen gewinnt. Gerade Berufsanfängern fällt es schwer, die Entscheidungen darüber so zu treffen, dass alle Teile zueinander passen, sich gegenseitig stützen und eine in sich stimmige Einheit bilden (Denken im Implikationszusammenhang). Daher hat es sich bewährt zunächst einmal nur mögliche Inhalte auszuwählen, zu ihnen Ziele hinzuzudenken und so vorläufige Themen bzw. didaktische Perspektiven zu entwickeln.

Mit der Entwicklung vorläufiger Themen gelingt der Einstieg in die Planung

4.2 Der Bezug zu den allgemeinen Lernzielen

Überprüfung der Zielsetzung

Die Überprüfung des Zusammenhangs mit den allgemeinen Zielen des Politikunterrichts zeigt dem Lehrer, ob er Politik unterrichtet oder ob die Stunde/Einheit dem Sozialen Lernen bzw. der Lebenshilfe gewidmet ist. Bei dem Atomstreit zwischen dem Iran und den USA ist die Antwort klar. Der Unterricht darüber dient dem politischen Lernen.

Schwieriger fällt eine Zuordnung zu den allgemeinen politischen Zielsetzungen. Dem iranischen Atomprogramm wird unterstellt, das Leben vieler Menschen, auch in Europa, zu bedrohen. Der Konflikt mit offenem Ausgang erscheint geeignet, das Interesse der Jugendlichen an Politik in internationalen Beziehungen zu wecken.

Fast immer kann auch ein Bezug zur Zielsetzung „Politische Mündigkeit" hergestellt werden. Die Untersuchung des Konflikts bereitet die Urteilsbildung der Schülerinnen und Schüler vor. Der Bezug zum allgemeinen Ziel „Politische Mündigkeit" ist also auch bei diesem Unterrichtsvorhaben gegeben. Um dennoch eine Trennung vorzunehmen, schlagen wir zur Unterscheidung vor:

Vorschlag zur Unterscheidung der Zielsetzungen

- (*Interesse wecken*) Werden keine Kenntnisse vermittelt und ausschließlich vom Lehrer Fragen und Arbeitsaufgaben gestellt, dann soll in der Stunde/Einheit „nur" das Interesse der Schülerinnen und Schüler für Politik geweckt werden.
- (*Kritische Zeitungsleser*) Werten die Jugendlichen dabei

Zeitungstexte aus, dann kann auch von der Zielsetzung „Heranbildung kritischer Zeitungsleser" gesprochen werden.

- (*Politische Mündigkeit*) Die Zielsetzung „Politische Mündigkeit" dagegen setzt voraus, dass die Schülerinnen und Schüler im Unterricht Kenntnisse erwerben und sich im selbstständigen politischen „Analysieren" oder „Analysieren und Beurteilen" oder „Analysieren, Beurteilen und Handeln" üben.

Die Zuordnung der Unterrichtsziele zu allgemeinen Zielsetzungen mag angehenden Lehrerinnen und Lehrern vor ihren ersten Unterrichtsversuchen als lästige Pflichtübung erscheinen. Sie haben in dieser Zeit ganz andere Sorgen. Die Redlichkeit den Schülern gegenüber gebietet es aber, sich darüber Klarheit zu verschaffen. Lehrerinnen und Lehrer, die vor sich selbst und ihren Schülern Rechenschaft über ihr Tun im Unterricht ablegen wollen, müssen in der Lage sein, ihren Unterricht im Zusammenhang mit allgemeinen Zielsetzungen zu sehen. Nur dann können sie ihren Unterricht vor sich selbst und ihren Schülerinnen und Schülern rechtfertigen.

Zwang zur gedanklichen Klarheit gegenüber den Schülern

Anmerkungen

1 Das vorläufige Thema wird auch didaktische Perspektive genannt.

2 Ein anderer Vorschlag: „Das iranische Atomprogramm – eine Bedrohung des Friedens?" Hier steht das iranische Atomprogramm im Mittelpunkt des Unterrichts (Dimension Inhalt/Um was geht es?). Wichtig ist bei der Themenformulierung das Fragezeichen am Schluss. Es lässt den Unterrichtsteilnehmern die Bildung einer eigenen Meinung zu.

3 Erfahrene Lehrer gehen bei der Planung immer von den bereits vorhandenen Materialien aus.

Checkliste
für die ersten Unterrichtsversuche

- Entscheide ich mich für ‚Politik' als Inhalt meiner Unterrichtsstunde?
- Entdecke ich beim Aufschlüsseln eines politischen Vorgangs mit Hilfe der Dimensionen des Politischen und/oder mit Hilfe des Politikzyklus Inhalte, die ich in – vorläufige – Themen für meinen Unterricht umdenken kann?
- Lässt sich aus diesen Themen eines auswählen und zu einer Unterrichtsstunde bzw. Unterrichtseinheit ausformen?
- Kann bei dem so gefundenen Thema der Bezug zu den allgemeinen Zielen des Politikunterrichts hergestellt werden?

5. Methoden und Medien

Mit der Gewinnung eines vorläufigen Themas ist der Planungsprozess in Gang gekommen. Nun muss der Lehrer die Ziele und den Inhalt dieses Themas näher ausformen und Methoden und Medien unter den gegebenen Unterrichtsbedingungen hinzu entwickeln. Alles muss zueinander passen. Planung im Implikationszusammenhang erfordert fachdidaktische Kompetenz. Der angehende Lehrer erwirbt sie durch das Studium der Fachdidaktik und deren Umsetzung in Unterrichtsversuchen während der Praktika und im Referendariat.

Methoden und Medien sind wichtige Bereiche in der Didaktik der politischen Bildung. Wer abwechslungsreichen Unterricht seinen Schülerinnen und Schülern bieten will, muss sich intensiv darin einarbeiten (Anja Besand, Wolfgang Sander Medienhandbuch 2010; Frech u.a. Methodentraining für den Politikunterricht I und II 2004, 2007).

Übergang zum Planungskonzept (Teil II)

Die erste Unterrichtsstunde übersteht die angehende Lehrerin trotz bestehender fachdidaktischer Defizite mit Hilfe eines bewährten Planungskonzepts. In Teil II wird es ausführlich vorgestellt und an Beispielen demonstriert.

5. Methoden und Resultate

Teil II:
Hinweise für die
erste Unterrichtsstunde

Studenten und Referendare sehen sich mit der Herausforderung konfrontiert, ohne große Vorkenntnisse und Erfahrung eine Stunde in einer Schulklasse abzuhalten. Wer seine erste Stunde plant, steht immer vor einer schwierigen Aufgabe. Dennoch kann man Studenten und Referendaren nur raten, so früh wie möglich jede Gelegenheit zum Unterrichten zu nutzen. Anfängern werden Fehler nachgesehen. Schülerinnen und Schüler begegnen ihnen zumeist mit Fairness und Offenheit.

Je länger man diesen Schritt hinauszögert, desto mehr wachsen Unsicherheit und Angst. Wer aber die erste Stunde – bei allen Mängeln – erfolgreich hinter sich gebracht hat, der weiß, dass er eine Stunde überstehen und vor Schülern bestehen kann. Diese Erfahrung macht Mut für weitere Unterrichtsversuche.

Um den Sprung ins kalte Wasser zu erleichtern, sollen als Hilfen für die ersten Anfängerstunden angeboten werden:
– ein Planungskonzept zum Aufbau einer Stunde,
– Hinweise für das Auftreten vor der Klasse.
Zwei kleine Unterrichtsbeispiele geben Orientierungshilfe für die ersten Planungsversuche. Dabei wird nur eine Stunde ausgearbeitet, weil man am Anfang noch nicht gleich eine mehrstündige Einheit, sondern zumeist nur eine Stunde hält (zur Planung von Unterrichtseinheiten Breit, Weißeno 2004; Breit, Massing 2006; Ackermann u.a. 2010).

1. Planungskonzept für die erste Unterrichtsstunde

Nicht wenige Unterrichtsstunden werden ausschließlich in der Form des Lehrer-Schüler-Gesprächs abgehalten. Die Lehrerin stellt Fragen, auf die sie die Antworten kennt. Einige Schüler melden sich, werden aufgerufen und antworten. Die Lehrerin dankt jedem aufgerufenen Schüler, wiederholt die Antwort („Lehrerecho"), kommentiert kurz die Antwort – und setzt dann den Unterricht mit der Schülerantwort fort, die ihr am besten ins vorgefertigte Konzept passt. Die Beiträge der übrigen Schüler bleiben unberücksichtigt, was deren Motivation nicht gerade fördert[1].

Warnung vor ständigem Lehrer-Schüler-Gespräch

Beim Lehrer-Schüler-Gespräch dominiert die Lehrerin; sie ist aktiv, rennt vor der Klasse auf und ab und redet oft und viel. Der einzelne Schüler dagegen kommt selten oder gar nicht zu Wort; er ist weitgehend zur Passivität verurteilt. Das Zuhören langweilt und ermüdet ihn. Sein Interesse am Unterricht nimmt ab und der Geräuschpegel in der Klasse zu. Dies trägt zur Verunsicherung des Lehramtsneulings bei. Sie redet noch mehr, verhaspelt sich, wird lauter als beabsichtigt und spürt, wie die Stunde schlecht und immer schlechter verläuft.

1.1 Zum Aufbau der Unterrichtsstunde

Dieser unschönen Entwicklung kann vorbeugt werden. Um in der Stunde die Aktivität und die Selbstständigkeit aller Teilnehmer zu fördern, baut die Lehrerin für die Schülerinnen und Schüler eine Arbeitsphase ein. Mindestens zehn Minuten lang sollen sie allein (Einzelarbeit) oder mit ihrem Banknachbarn (Partnerarbeit[2]) eine von der Lehrerin gestellte Aufgabe bearbeiten.

Einbau einer Arbeitsphase

An Gruppenarbeit sollte sich ein Lehramtsneuling nicht sofort wagen. In der Gruppenarbeit arbeiten drei bis fünf

Schüler zusammen. Dabei lassen sich Zwischenfälle nie ganz ausschließen.

Einzel- und Partnerarbeit

Besitzen die Schülerinnen und Schüler mit Partnerarbeit noch keine Erfahrung[3], so sollte sich der Student bzw. Referendar mit Einzelarbeit begnügen. Die Einführung von Partnerarbeit wird beinahe zwangsläufig Schwierigkeiten hervorrufen, die dann vom Beobachter der Stunde als Indiz für ihr Misslingen gewertet werden.

Die Einzel- und die Partnerarbeit bieten Gewähr dafür, dass die Schülerinnen und Schüler über einen längeren Zeitraum hinweg ohne Leitung der Lehrerin eine Aufgabe bearbeiten. In dieser Zeit wird den Jugendlichen in ausreichendem Umfang Gelegenheit zum selbstständigen Denken und Handeln eingeräumt; eine wichtige Zielsetzung des Politikunterrichts wird so verwirklicht. Bei der Partnerarbeit arbeiten die beiden Tischnachbarn zusammen. Sie erfahren Respekt, Rücksichtnahme und Hilfsbereitschaft, wenn sie ihrerseits den Partner als gleichberechtigt ansehen und ihm mit Achtung begegnen. Jeder von ihnen übt sich darin, mit dem anderen zu arbeiten, sich ihm gegenüber zu behaupten, für eigene Interessen einzutreten, mit ihm Konflikte auszutragen und Kompromisse einzugehen[4]. Kurz: Die Partnerarbeit dient auch dem Sozialen Lernen (s. Teil I, 2.4.1).

Der Lehramtsanfängerin bietet Partnerarbeit Sicherheit.

Nutzen für die Lehrerin, den Lehrer

• Die Lehrerin erhält in der Stunde die Möglichkeit, sich zu sammeln, den Anfang der Stunde zu überdenken und den weiteren Unterrichtsverlauf in Ruhe endgültig festzulegen. Vor der ersten Unterrichtsstunde ist es ein beruhigendes Gefühl zu wissen: In der Stunde bekomme ich Gelegenheit, Luft zu holen, zur Besinnung zu kommen und einen neuen Anlauf zu wagen. Die ersten Minuten der Stunde bis zur Einzel- oder Partnerarbeit halte ich durch und verliere dabei nicht – oder zumindest nicht völlig – die Übersicht. Bis zur Einzel- oder Partnerarbeit bringe ich die Klasse in jedem Fall, ohne dass der Unterricht aus den Fugen gerät. Nach der Arbeitsphase bringe ich die Stunde mit der Auswertung und einer abschließenden Diskussion auch mit Anstand zu Ende.

- Im Unterricht spontan aus dem Augenblick heraus gute Fragen bzw. Arbeitsaufträge[5] zu stellen fällt auch einer erfahrenen Lehrerin schwer. Für die Einzel- oder Partnerarbeit können die Aufgaben in aller Ruhe zu Hause am Schreibtisch überlegt und ausformuliert werden. Sie werden auf einem Arbeitsblatt oder einer Folie den Lernenden schriftlich übermittelt.
- Um ihre Schüler nicht zu über- oder unterfordern, bearbeitet die Lehrerin die Aufgaben vor der Stunde zu Hause zunächst einmal selbst. Dabei bekommt sie einen Eindruck von dem Schwierigkeitsgrad.

An die Einzel- oder Partnerarbeit schließt sich die Auswertungsphase an. Zunächst ruft die Lehrerin die weniger guten oder redegewandten Schüler bzw. Tandems auf. Durch die vorangegangene Arbeitsphase sind sie auf Fragen vorbereitet und zumeist auch in der Lage zumindest etwas zu sagen. Sie jetzt aufzurufen ist daher nicht unfair. Andere Schüler ergänzen, erheben Widerspruch oder führen neue Argumente ein. Die Lehrerin hält die Beiträge stichwortartig an der Tafel oder auf einer Folie für den Overhead-Projektor fest. Bitte nicht mehr als sechs Worte, ansprechend über die Tafel verteilt, in schöner, zumindest lesbarer Schrift anschreiben! Das Tafelbild ist ein Kapitel für sich.

Auswertungsphase

Die Auswertung der Einzel- oder Partnerarbeit leitet zumeist ganz von selbst in eine Diskussion über. Die Lehrerin sollte sich dabei auf die Rolle einer Moderatorin beschränken und nicht in die Diskussion eingreifen (s. S. 101-103). Endet die Stunde mit einer lebhaften Diskussion, dann gilt sie für Beobachter als erfolgreich. Die Lehrerin hat

Diskussion

- Interesse für das Thema geweckt,
- die Schüler zum selbstständigen und eigenverantwortlichen Arbeiten gebracht
  und
- eine Diskussion in Gang gesetzt, in der die Schülerinnen und Schüler ihre Meinung vertreten.

Was will man mehr. Nicht nur für einen Anfänger ist das viel.

1.2 Hinweise zu dem Planungskonzept

Planungskonzept für die erste Unterrichtsstunde

Zeit	Unterrichtsschritte	Inhalt
5 Minuten	Einstieg in die Stunde	Begrüßung; Vorstellung der eigenen Person; Nennung des Themas; Klärung des Vorgehens
5 Minuten	Hinführung zur Partnerarbeit	Erklären der Arbeitsaufgaben und der Arbeitsform
10 Minuten	Partnerarbeit	Bearbeitung der Arbeitsaufgaben durch die Schüler
15 Minuten	Auswertung der Partnerarbeit; Vorbereitung der Diskussion	Sammeln der Partnerarbeitsergebnisse; Festhalten an der Tafel; Herausarbeiten von Streitpunkten
10 Minuten	Diskussion (wenn zeitlich möglich)	Schüler tauschen in der Diskussion Pro- und Contra-Argumente aus. Hinweise auf die nächste Stunde; ggf. Hausaufgabe; Dank an die Klasse; Lob; Verabschiedung

Zeitangaben

Die Angaben zur Zeit sind immer willkürlich. In der Stunde kann das auch ganz anders laufen als angegeben. Dennoch tun Anfänger gut daran, in der Vorbereitung den Zeitbedarf für die einzelnen Unterrichtsschritte abzuschätzen. So mindern sie die Gefahr, die Stunde zu überladen. Leider haben manche Beobachter einer Unterrichtsstunde die Angewohnheit, eine Abkehr von den Zeitvorgaben negativ zu bewerten. Für sie baut man vor der dem Unterrichtsabschnitt „Diskussion" den Vorbehalt ein „wenn zeitlich möglich". Die Stunde kann also bereits nach der Auswertung der Partnerarbeit enden.

Gute Lehrer ertragen auch Stille

Auf die Frage „Warum reden Lehrer eigentlich so viel?" antwortet der Erziehungswissenschaftler Hilbert Meyer (Uni Oldenburg) der Süddeutschen Zeitung (SZ). Hier ein Auszug:

....

SZ: Wollen Lehrer durch viel Reden nicht auch das Denken der Schüler lenken und kontrollieren?

Meyer: Ja, sie wollen das Heft in der Hand behalten. Das ist auch legitim. Es kommt aber darauf an, welche Qualität diese Lenkung hat. Schlechte Lehrer sagen den Schülern, was sie denken sollen, gute lehren sie, selbst zu denken.

SZ: Reden Lehrer vielleicht auch deshalb so viel, weil sie unsicher sind?

Meyer: In Einzelfällen mag das so sein. Aber auch selbstbewusste Lehrer reden gern und viel. Andere reden auch viel, wenn sie unvorbereitet in die Klasse kommen. Manche reden sogar erst einmal drauf los und holen währenddessen im Hinterkopf die versäumte Stundenplanung blitzschnell nach.

SZ: Haben Lehrer Angst vor der Stille?

Meyer: Offensichtlich, denn sonst würden sie nicht schon nach 2, 3 Sekunden den nächsten Schüler dran nehmen. Diese Ungeduld ist gerade für die Leistungsschwächeren von großem Nachteil. Gute Lehrer ertragen auch Stille.

...

SZ: Müssten Lehrer nicht selber merken, dass es besser ist, weniger zu reden?

Meyer: Ja, sie sollten öfter einfach den Mund halten und den Schülern zuhören. Das ist auch in ihrem eigenen Interesse. Ein schüleraktiver Unterricht strengt auch physisch und psychisch weniger an.

In: Süddeutsche Zeitung, 14.03.2006, S. 16
Interview: Marco Finetti

Mit der Einzel- oder Partnerarbeit sind nicht nur Vorteile, sondern auch Nachteile und Gefahren verbunden. Verbringt die Lehrerin die Stunde im Frage-Antwort-Verfahren, dann kann sie viele Aspekte eines Themas ansprechen und so eine große Stofffülle abarbeiten. Das macht in Nachbesprechungen einen guten Eindruck. In einer Stunde mit Einzel- oder Partnerarbeit dagegen kann nur ein begrenzter Inhalt behandelt werden. Die Eingrenzung des Themas muss gut überlegt sein („Didaktik heißt Weglassen!").

Einzel- oder Partnerarbeit scheitert nicht selten an der mangelnden Selbstdisziplin der Lehrerin. Sie muss eisern darauf bedacht sein, ihre Schüler während dieser Zeit in Ruhe zu lassen. Das fällt gerade Anfängern ungemein schwer. Am liebsten läuft die Lehrerin im Klassenzimmer herum, schaut einzelnen Schülern über die Schulter, gibt ungefragt Ratschläge und redet wie immer viel. Kurz gesagt: Sie meint es gut und macht es doch so schlecht. Nur wenn ein Schüler eine Frage stellt, sollte sie sich ihm zuwenden. Ansonsten hat sie nicht zu stören und möglichst „unsichtbar" zu sein. Das ist nicht einfach. Zehn Minuten als Lehrerin vor der Klasse in Untätigkeit zu verharren, können sehr, sehr lang sein. Nur mit Hilfe einer Uhr[6] kann die Zeitspanne gemessen werden. Am besten setzt sich die Lehrerin während der Einzel- oder Partnerarbeit an den Lehrertisch, bearbeitet selbst noch einmal die gestellten Aufgaben, überdenkt den bisherigen Unterrichtsverlauf und hält einige Punkte fest, an die sie bei der Auswertung anknüpfen kann, oder liest den eigenen Planungsentwurf für den Fortgang der Stunde durch.

1.3 Aktualität weckt Interesse

Eine Unterrichtsstunde kann nur dann gut verlaufen, wenn es der Lehrerin gelingt, ihre Schülerinnen und Schüler für den Inhalt zu interessieren. Erreicht werden kann dies im Politikunterricht durch die Aktualität des Unterrichtsinhalts[7].

Die Lehrerin nutzt einen aktuellen politischen Vorgang für ihren Unterricht. Lautet der Auftrag, eine Einheit über „Parteien" durchzuführen, dann sucht sie die Tagespolitik auf politische Prozesse ab, die mit „Parteien" zu tun haben. Im Unterricht wird dann am Beispiel eines dieser Vorgänge zumindest ein wichtiges Merkmal von Parteien herausgearbeitet. Über politische Auseinandersetzungen, in denen Parteien eine wichtige Rolle spielen, berichten Zeitungen beinahe täglich. Die Suche wird also erfolgreich sein.

Welche Vorteile bringt dieses Vorgehen mit sich?

Vorteile eines aktuellen Unterrichtsinhalts

1. Die Lehrerin kann sich in Zeitungen bequem über den Inhalt der Stunde/Einheit informieren.

2. Die Lehrerin findet in Zeitungen zu dem Vorgang Texte, Schaubilder und Karikaturen für ihren Unterricht. Zeitungen bringen die Tagespolitik in den Klassenraum.

3. Einige Schülerinnen und Schüler haben schon etwas über den Vorgang im Familienkreis gehört, in der Tagesschau gesehen oder in der Zeitung darüber gelesen. Sie besitzen zumindest geringe Vorkenntnisse, an die die Lehrerin im Unterricht anknüpfen kann.

4. Die Schülerinnen und Schüler fühlen sich ernst genommen. Sie erkennen, dass der Inhalt des Unterrichts nicht für sie „erfunden" worden ist. Sie untersuchen reale Politik, wie sie gerade stattfindet.

5. Der Ausgang des aktuellen politischen Prozesses ist offen. Die Schüler erleben abends bei der Tagesschau die Fortsetzung des Unterrichts. Jetzt können sie sachkundig mitreden, Prognosen aufstellen und deren Richtigkeit überprüfen. Sie machen die Erfahrung, dass Politik spannend und interessant sein kann.

1.4 Fachliche Vorbereitung

Vor der Stunde sollte sich die Politiklehrerin über den Inhalt ihres Unterrichtsvorhabens informieren. Das ist nicht einfach. Die Lehrerin sieht sich mit einer Fülle von Literatur konfrontiert, die sie niemals in der Kürze der zur Verfügung stehenden Zeit durcharbeiten kann. Immerhin besitzt sie als Politiklehrerin die Möglichkeit, sich zu Hause in ihrem Arbeitszimmer mit den ihr zur Verfügung stehenden Mitteln rasch kundig zu machen. Unzureichend, aber mitunter erstaunlich ertragreich ist die Lektüre von Schulbüchern und Unterrichtsmaterialien (z.B. Wochenschau-Hefte). Zeitaufwändiger gestaltet sich die Arbeit mit den Themenheften der von der Bundeszentrale für politische Bildung herausgegeben Informationen für politische Bildung („Die schwarzen Hefte"). Politikwissenschaftlich ausgerichtet sind die Beiträge in den Themenheften der Zeitschriften ‚politische bildung' (Wochenschau Verlag) und ‚Der Bürger im Staat' (Landeszentrale für politische Bildung Baden-Württemberg). Jede Schule bekommt mehrere Exemplare der Wochenzeitung „Das Parlament" zugeschickt. Deren Beilage „APuZ" (Aus Politik und Zeitgeschichte) enthält zu einem Thema fachwissenschaftliche Aufsätze, die sich durch hohes Niveau und zahlreiche Fußnoten mit umfangreichen Literaturhinweisen auszeichnen.

Schulbücher, Themenhefte

Natürlich ist es gut, wenn die Lehrerin neben den leicht erreichbaren Schulbüchern, Materialsammlungen und Zeitschriften auch Nachschlagewerke und fachwissenschaftliche Grundlagenliteratur in ihrem Bücherschrank stehen hat. Hier bieten die Bundeszentrale und die Landeszentralen für politische Bildung der Lehrerin die Möglichkeit, sich preisgünstig eine umfangreiche Fachbibliothek aufzubauen und sie auf einem neuen Stand zu halten. Wie die Abnahmezahlen der Bundeszentrale und der Landeszentralen zeigen, machen von dieser Möglichkeit viele Politiklehrerinnen und -lehrer regen Gebrauch.

Unterstützung durch Bundes- und Landeszentralen für politische Bildung

Bei der gedankliche Durchdringung von aktuellen Vorgängen helfen überregionale Tages- und Wochenzeitungen weiter. Wer mit der Kompetenz eines abgeschlossenen politikwissenschaftlichen Studiums einen Artikel aus der Wochenzeitung „Die Zeit" oder aus einer überregionalen Tageszeitung gründlich liest, ist für den Unterricht ausreichend vorbereitet. Er besitzt Wissen, kennt kontroverse Positionen und denkt über den Vorgang hinaus über allgemeine politische Fragen nach.

Zeitungen

Schließlich eröffnet „google" im Internet eine rasche Informationsmöglichkeit.

Das Hauptproblem bei der fachlichen Vorbereitung im Unterrichtsfach Politik ist nicht der Zugang zu Informati-

Hauptproblem: fehlende Zeit

onsmöglichkeiten. Hier verfügt die Politiklehrerin über ein geradezu optimales Angebot. Was fehlt, ist zumeist die Zeit und auch die Kraft von diesem Angebot Gebrauch zu machen.

An dieser Stelle soll auf einen arg vernachlässigten Bereich hingewiesen werden. Fachwissenschaftler und Fachdidaktiker an den Hochschulen nehmen sich viel zu selten der Aufgabe an, ihre Mitstreiter, die Politiklehrerinnen und -lehrer an den Schulen, in gebotener Kürze mit leicht lesbaren und verständlichen Informationen zu versorgen (eine Ausnahme Pohl, Soldner 2008[8]).

Bücher, Hefte und Materialien, die man als Politiklehrer im Bücherschrank haben sollte

Paul Ackermann 2010: Bürgerhandbuch, Basisinformationen und 66 Tips zum Tun. 3. neu überarbeitete Aufl., Schwalbach/Ts.

Paul Ackermann u.a. 2010: Politikdidaktik kurzgefasst. Schwalbach/Ts.

Uwe Andersen/Wichard Woyke (Hg.) 2009: Handwörterbuch des politischen Systems der Bundesrepublik Deutschland. 6. Aufl. Opladen

Anja Besand/Wolfgang Sander (Hg.) 2010: Medienhandbuch. Schwalbach/Ts.

Siegfried Frech u.a. (Hg.) 2004: Methodentraining für den Politikunterricht; 2007: Methodentraining für den Politikunterricht II. Schwalbach/Ts.

Dieter Nohlen/Rainer-Olaf Schultze 2005: Lexikon der Politikwissenschaft. 2 Bde., überarbeitete und erweiterte Aufl., München

Kerstin Pohl (Hg.) 2004: Positionen der politischen Bildung (1). Schwalbach/Ts.

Wolfgang Sander (Hg.) 2005: Handbuch politische Bildung. 3. völlig überarbeitete Aufl. Schwalbach/Ts.

Wichard Woyke (Hg.) 2007: Handwörterbuch Internationale Politik. 11. Aufl., Opladen

Hufer/Hans-Werner Kuhn, Peter Massing/Dagmar Richter

(Hg.) 2007: Wörterbuch Politische Bildung. Schwalbach/Ts.

Zeitschrift politische Bildung (Themenhefte, Inhalt: 5 fachliche Aufsätze + Unterrichtseinheit). Schwalbach/Ts.

Zur Arbeit mit Schülern

Informationen zur politischen Bildung. Bonn bpb

Wochenschau-Hefte (Sek. I und Sek. II). Schwalbach/Ts.

Horst Pötzsch 2003: Die deutsche Demokratie. 3., aktualisierte Aufl., Bonn (bpb)

Gotthard Breit/Siegfried Frech 2010: Politik durchschauen. Ein Schülertaschenbuch. Schwalbach/Ts.

Anmerkungen

1. Wer die Video-Aufzeichnung einer Unterrichtsstunde auswertet, kann genau verfolgen: Geht die Lehrerin auf die Antworten eines Schülers mehrmals nicht ein, dann schaltet der Jugendliche ab und nimmt am Unterricht nicht mehr teil.

2. Zu den Sozialformen im Politikunterricht Frech u.a. 2007: Methodentraining für den Politikunterricht II. Schwalbach/Ts.

3. Darüber gibt der Mentor Auskunft. Vor der Stunde muss man ihn danach fragen.

4. Wer Schüler bei der Partnerarbeit beobachtet, dem werden Bezeichnungen wie „sich behaupten, Konflikte austragen, Kompromisse eingehen" nicht in den Sinn kommen. Sie erscheinen ihm hochtrabend für das, was er sieht. Wenn man aber vor der Aufgabe steht, diese Interaktionsprozesse zu beschreiben, wird man auch zu dieser Wortwahl gelangen.

5. Für die Arbeitsphase werden keine Fragen gestellt, sondern nur Arbeitsaufträge. Anfänger bilden zunächst Fragen und wandeln diese in Aufgaben um. Beispiel: Aus „Welche Akteure sind an dem politischen Vorgang beteiligt?" wird „Nenne die Akteure, die an dem politischen Vorgang beteiligt sind!".

6. Eine Uhr darf der Lehramtsanwärter bei seinen ersten Unterrichtsversuchen auf keinen Fall vergessen.

7. Wichtig ist auch Betroffenheit (Breit, Weißeno 2004, 39 ff.).

8. Wer Unterricht zum Themenbereich „Direkte Demokratie" plant, dem sei das Büchlein von Kerstin Pohl und Markus Soldner nachdrücklich empfohlen. Hier kann er alles nachlesen, was er zur Unterrichtsvorbereitung braucht.

2. Unterrichtseinheit 1 – Vorlage für eigene Planungen

Unerfahrene Lehrerinnen und Lehrer orientieren sich bei der Planung und Vorbereitung ihrer ersten Unterrichtsversuche gern an schriftlichen Vorlagen. So fällt einem das produktive Arbeiten leichter. Man vermeidet Irrwege und Sackgassen. Auch wenn mit diesem Vorgehen nicht gerade „Mündigkeit" unter Beweis gestellt wird, hat sich diese Praxis bewährt. Die angehende Lehrerin gewinnt Planungssicherheit. Nur mit ihr kann sie ihre Kreativität für den bevorstehenden Unterricht frei entfalten.

Orientierung an Vorlagen erleichtert die Planung

Das hier vorgestellte Unterrichtsbeispiel ist wie alle anderen veröffentlichten Einheiten auch verbesserungsfähig. Es gibt keine vollkommene Unterrichtsstunde. Bei der Besprechung von Unterrichtsstunden ist Kritik immer angebracht. Bevor aber Mängel angesprochen werden, sollten immer erst die Stärken einer Stunde gelobt werden. Und noch ein Hinweis: Wer Mängel kritisiert, soll Alternativen aufzeigen können.

Jede Planung hat Stärken und Schwächen

Das Unterrichtsbeispiel eignet sich nicht zur Übernahme für den eigenen Unterricht. Dazu liegt der politische Vorgang in dem Unterrichtsbeispiel viel zu lange zurück.

2.1 Ausgangssituation

Ein Student bekommt am Montag, den 13. März 2006, das Angebot, zwei Tage später eine Unterrichtsstunde in der zwölften Klasse eines Gymnasiums in Braunschweig zu halten. Der Fachlehrer hat in der Klasse soeben eine Unterrichtseinheit beendet; er möchte auch die neue Unterrichtseinheit selbst beginnen und durchführen. So sagt er zu dem Studenten: „Machen Sie eine Stunde zu einem aktuellen Thema; vielleicht gehen Sie auf den Streik ein." Dabei spielt er auf den festgefahrenen Tarifkonflikt im öffentlichen Dienst an, der das innenpolitische Geschehen im Februar und März 2006 beherrscht.

Der Student folgt dem Ratschlag des Lehrers und entscheidet sich für den Themenbereich „Streik im öffentlichen Dienst 2006". Zur Vorbereitung kauft er am Montag und Dienstag mehrere Zeitungen (Braunschweiger Zeitung, Süddeutsche Zeitung, Frankfurter Allgemeine Zeitung, Frankfurter Rundschau), schneidet aus allen Zeitungen die Texte, Schaubilder und Karikaturen zum „Streik" aus und liest sich in die Thematik ein. Zum einen erwirbt er sich dadurch Kenntnisse über den Inhalt seines Unterrichts. Zum anderen entsteht aus den Fundstücken eine Sammlung, aus der er Materialien für seine Stunde auswählen kann.

Aktueller Themen- bereich

Rasch stellt er fest, dass einige Texte sich für die selbstständige Arbeit der Schülerinnen und Schüler im Unterricht eignen. Er trifft die Entscheidung, für die Stunde eine Einzel- oder Partnerarbeit vorzusehen. Dafür wählt er aus seiner Materialsammlung drei (teilweise von ihm gekürzte) Texte aus. Die Grundlage seiner Stunde bilden also Zeitungstexte.

Material- grundlage der Stunde: Zeitungstexte

Zeitungstexte im Politikunterricht

Zeitungstexte werden häufig im Politikunterricht eingesetzt. Zeitungen berichten sachkundig, ausführlich und spannend über Politik. Journalisten sind Profis. Sie stellen, stellvertretend für ihre Leserinnen und Leser, wichtige Fragen an politische Vorgänge und beantworten sie ausführlich. Tun sie das nicht, finden ihre Zeitungen keine Leser und letztlich auch keine Käufer. Interessant und lehrreich soll auch die Politikstunde sein. Dieses Ziel erreicht der Lehrer mit der Wahl eines Zeitungstextes zum vorbestimmten Themenbereich. Bei diesem Vorgehen nimmt die Zeitung dem Lehrer die Untersuchung von ‚Politik' ab. Wer Zeitungen für sich arbeiten lässt, plant ohne großen Aufwand und ohne große Anstrengungen gute Politikstunden. Im Mittelpunkt der Stunde steht ein Zeitungstext über

einen aktuellen, die Schüler – hoffentlich – interes-
sierenden Vorgang. Ein kompetenter Journalist hat
ihn geschrieben.

Hinweis: Bei jedem ausgeschnittenen Zeitungstext wird
die Herkunft (FAZ oder Braunschweiger Zeitung), das
Datum und die Seitenzahl sowie der Autor festgehalten.
Wird im Unterricht ein Text den Schülern präsentiert,
so geschieht dies niemals ohne diese Angaben.

2.2 Ausgewählte Zeitungstexte

Vorgeschichte

Der Streik im öffentlichen Dienst ist laut dem Deutschen
Gewerkschaftsbund (DGB) inzwischen der längste im öffentlichen Dienst seit über achtzig Jahren – der Streik geht in die
sechste Woche. Am Freitag vergangener Woche waren nach
Gewerkschaftsangaben wieder mehrere zehntausend Beschäftigte in elf Ländern im Ausstand, während die Unterhändler
in Berlin bis in die Nacht hinein tagten. Im Kern geht es bei
dem Streik um die Verlängerung der Wochenarbeitszeit auf
40 Stunden. Die Gewerkschaften lehnen das ab, während
die Länder argumentieren, dass die Beamten zum Teil noch
länger arbeiten müssten. ...

In: Frankfurter Allgemeine Zeitung, 13.03.2006, S. 5

Chronik des Streiks

Juni 2003: Die Länder kündigen die Tarifverträge zu Urlaubs-
und Weihnachtsgeld.

März 2004: Die Länder kündigen auch den Arbeitszeitvertrag
für Angestellte und Arbeiter im öffentlichen Dienst West-
deutschlands. Die Tarifgemeinschaft deutscher Länder (TdL)
ist an Verhandlungen über einen neuen Tarifvertrag für den
öffentlichen Dienst (TVöD) nicht mehr beteiligt.

Oktober 2005: Der TVöD tritt im Bund und in den Kommunen in Kraft. Die Länder akzeptieren ihn nicht. ...

26. Januar 2006: Der Vorsitzende der Dienstleistungsge-
werkschaft ver.di, Frank Bsirske, kündigt Urabstimmungen

in mehreren Bundesländern an. Die Streiks sollen Anfang Februar beginnen.

1. Februar: Erste Streiks in Niedersachsen ...

6. Februar: Auftakt zum größten Streik im öffentlichen Dienst seit 14 Jahren. ...

13. Februar: Beginn flächendeckender Streiks zunächst in zehn Bundesländern. ...

20. Februar: Ein erstes Spitzengespräch auf Länderebene endet ohne greifbare Ergebnisse – Gewerkschaften und TdL vereinbaren ein weiteres Treffen.

10. März: Spitzentreffen von TdL und Gewerkschaften. Nach 14 Stunden werden die Gespräche vertagt und am Sonntag dann abgebrochen. dpa

In: Frankfurter Rundschau, 13.03.2006, S. 2

Kommentar

Buhmänner und Brandstifter

Ein harter Arbeitskampf im öffentlichen Dienst: Beide Seiten sind beschädigt – und die Bürger genervt

von Nina Bovensiepen

Mit klaren Feindbildern lebt es sich gut, und daher mag sich mancher freuen, dass die Rolle des Buhmannes im Tarifstreit des öffentlichen Dienstes spätestens seit dem Wochenende eindeutig zugeteilt ist. Brandstifter, Hardliner, Ideologe – all dies muss sich der Verhandlungsführer der Bundesländer, Hartmut Möllring, schimpfen lassen, weil er ein Spitzentreffen mit der Gewerkschaft Verdi spektakulär platzen ließ. Und da nun sogar Vertreter der eigenen Seite über Möllring herfallen, muss ja etwas dran sein an der Kritik – mag man denken.

Doch das greift zu kurz, um den Streit zu erklären. In dem Arbeitskampf geht es längst um mehr als um 18 Minuten Mehrarbeit am Tag. Derzeit findet eine Machtprobe statt, in der es um die Zukunft der Tarifpartnerschaft und die Rolle der Gewerkschaften geht. Darin sind die Fronten nicht mehr klar verteilt, jene mit Verdi auf der einen und den Arbeitgebern auf der anderen Seite. Stattdessen verläuft ein Graben mitten durch das Arbeitgeberlager. Dieses ist gespalten in solche, vor allem sozialdemokratische, Vertreter, die den Streit gerne klassisch lösen würden: Jeder gibt ein bisschen nach und am Ende steht ein Kompromiss, der alle das Gesicht wahren lässt. Die andere Seite, von CDU-Mann Möllring repräsentiert, stellt diese Tradition zur Disposition. Wenn die Kassen leer sind, gibt es nichts zu verteilen, beharren Möllring, CSU-Chef Edmund Stoiber und Co. Diese Konstellation könnte für die große Koalition problematisch werden, denn sie zeigt das unterschiedliche Verhältnis von SPD und Union zu den Gewerkschaften. Angesichts der schwarz-roten Harmonie machte es sich aber nicht gut, wenn die Tarifgemeinschaft der Länder in einen SPD- und einen unionsgeführten Teil zerfallen würde.

Noch bedrohlicher ist die neue Situation aber für Verdi. Ein Ziel des Arbeitskampfes ist es, die Bundesländer in den Tarifverbund mit Bund und Kommunen zurückzuzwingen. Die zerbrochene Tarifeinheit hat die Verhandlungs- und Streikkraft der Gewerkschaft geschwächt. Das hat sich auch in den vergangenen Wochen gezeigt: Wenn 30 000 Beschäftigte in Landesbehörden und Staatstheatern ihre Arbeit niederlegen, beeindruckt das die Bürger wenig. Viel sichtbarer ist ein Arbeitskampf, der außer den Ländern noch den Bund und vor allem die Kommunen erfasst. Wenn Müllabfuhr und öffentlicher Nahverkehr zusammenbrechen, spüren das die Menschen sofort.

Statt seinem Ziel näher zu kommen, hat Verdi-Chef Frank Bsirske bisher aber das Gegenteil erreicht: Die Tarifeinheit droht noch mehr zu bröckeln. Zudem sinkt in der Bevölkerung und selbst bei Gewerkschaftern das Verständnis für den Arbeitskampf. Es war nicht gerade fein von Möllring, dass er Verdi bei einem Spitzentreffen vorgeführt hat, das von vornherein nicht auf einen Kompromiss zielte. Schuld an der verfahrenen Situation ist aber die Gewerkschaft selbst. Sie hat ein Feuer entfacht, das sie nun nicht mehr in den Griff bekommt.

In: Süddeutsche Zeitung, 13.03.2006, S. 4

2.3 Aufschlüsselung des Vorgangs mit Hilfe des Politikzyklus

„Streik im öffentlichen Dienst 2006" ist kein Thema für eine Unterrichtsstunde. Für diesen Inhalt benötigt man viel mehr Zeit. Für die eine Unterrichtsstunde muss daher aus dem großen Themenbereich ein Aspekt ausgewählt und in ein vorläufiges Thema umgedacht werden. Um Aspekte zur Auswahl zu entdecken, schlüsselt der Student den Themenbereich „Streik im öffentlichen Dienst 2006" auf. Dazu benutzt er die Phasen des Politikzyklus.

Streik im öffentlichen Dienst Anfang März 2006

Phase Problem: Um was geht es?	Im öffentlichen Dienst wird ein harter Arbeitskampf geführt. In der Auseinandersetzung zwischen der TdL und Verdi geht es vordergründig um die Verlängerung der Wochenarbeitszeit auf 40 Stunden. Zugleich sollen die Bundesländer in den Tarifverbund mit Bund und Kommunen zurückkehren. Dies würde die Position von Verdi stärken. Es geht um die Zukunft der Tarifpartnerschaft und die Rolle der Gewerkschaften.
Auseinandersetzung	Seit über fünf Wochen herrscht Streik. Zugleich versuchen die Tarifparteien in Verhandlungen eine Beilegung des Streits herbeizuführen.
Entscheidung	Am Wochenende ist ein Schlichtungsversuch an der harten Verhandlungsposition der Arbeitgeber gescheitert. Der Streik geht weiter.
Reaktionen	Die Öffentlichkeit wendet sich gegen den Verhandlungsführer der TdL Möllring. Eine Spaltung des Arbeitgeberlagers zeichnet sich ab.

Handlungsrahmen

„Eine herausgehobene Stellung unter den Verbänden haben die Gewerkschaften und die Arbeitgeberverbände. Knapp ein Drittel der Arbeitnehmer ist gewerkschaftlich organisiert. Art. 9 Abs. 3 GG garantiert die Koalitionsfreiheit, das Recht, ‚zur Wahrung und Förderung der Arbeits- und Wirtschaftsbedingungen Vereinigungen zu bilden‘. Der Staat hat den Vereinigungen der Arbeitnehmer und der Arbeitgeber die Regelung der Arbeitsverhältnisse übertragen.

Als Tarifpartner handeln sie selbstständig (autonom) Löhne und Arbeitsbedingungen aus, sie besitzen die Tarifautonomie. Ihre Vereinbarungen sind für die Mitglieder der Tarifparteien rechtswirksam und können bei den Arbeitsgerichten eingeklagt werden."

Aus: Horst Pötzsch 2003: Die deutsche Demokratie.
Bundeszentrale für politische Bildung,
3. aktualisierte Aufl. Bonn, S. 44

Bei diesem Arbeitskampf bildet die Tarifgemeinschaft deutscher Länder (TdL) die Arbeitgeberseite. Tarifpartner sind also die Gewerkschaft Verdi und die TdL.

Der Student entscheidet sich, auf der Grundlage des Textes aus der Süddeutschen Zeitung die Phasen Problem, Auseinandersetzung und zusätzlich, wenn die Zeit dazu reicht, die Phasen Entscheidung und Reaktionen im Unterricht zu behandeln. Dazu sollen die Schülerinnen und Schüler den Kommentar von Frau Bovensiepen untersuchen.

2.4 Instrumentarium von Untersuchungsfragen

Zur Untersuchung dieses Textes will der Lehramtsstudent den Schülerinnen und Schülern Aufgaben stellen. Zur Entwicklung dieser Untersuchungsaufgaben steht ihm eine Sammlung von Untersuchungsfragen zur Verfügung (vgl. Breit, Massing 2006, 296-299; Breit, Frech 2010).

Untersuchungsfragen

Um was geht es? Um welches politische Problem (Aufgabe, Streitfrage) wird die Auseinandersetzung geführt?	(Phase: Problem/ Dimension Inhalt des Politischen)
Wie verläuft die Auseinandersetzung?	(Phase: Auseinandersetzung/ Dimension Prozess des Politischen)
Wer ist an der Auseinandersetzung beteiligt?	(Phase: Auseinandersetzung/ Dimension Prozess des Politischen)
Welche Ziele/Interessen verfolgen die Akteure?	(Phase: Auseinandersetzung/ Dimension Prozess des Politischen)

Hat man die Antworten zu den gestellten Fragen aus einem Text herausgearbeitet, stellt man bisweilen fest, dass damit die Aussagen des Textes noch lange nicht ausgeschöpft sind. Dann kann man einige der folgenden Untersuchungsfragen zusätzlich stellen.

Ergänzende Untersuchungsfragen

Welche Möglichkeiten besitzen die Akteure, ihre Interessen gegenüber anderen durchzusetzen? Worin liegt ihr Erfolg begründet?	(Phase: Auseinandersetzung/ Dimension Prozess des Politischen)
Welche Gründe führen die Akteure zur Rechtfertigung eigener Ziele/Interessen an (z.B. Übereinstimmung mit dem Gemeinwohl)?	(Phase: Auseinandersetzung/ Dimension Prozess des Politischen)
Welche Methoden wenden die Akteure zur Durchsetzung ihrer Ziele/Interessen an?	(Phase: Auseinandersetzung/ Dimension Prozess des Politischen)

Welche rechtlichen Grenzen sind den Akteuren gesetzt?	(Phase: Auseinandersetzung/ Dimension Prozess des Politischen)
Welche Bestimmungen (der Verfassung, der Rechtsordnung) beeinflussen die Auseinandersetzung?	(Handlungsrahmen/ Dimension Form des Politischen)

Es versteht sich von selbst, dass die Fragen in jedem neuen Unterrichtsvorhaben auf den jeweiligen Themenbereich hin ausgerichtet und dementsprechend abgewandelt werden müssen. Das Instrumentarium will dem angehenden Lehrer helfen, Fragen an einen Untersuchungsgegenstand zu stellen und daraus Untersuchungsaufgaben zu entwickeln. Stellt der Lehrer darüber hinaus zusätzliche Fragen bzw. Aufgaben, dann ist dies nur erwünscht. Das Instrumentarium hat seinen Zweck erfüllt, wenn es den Benutzer zum raschen Bilden von Untersuchungsfragen bzw. -aufgaben anregt, die zum Kern des Politischen führen (Massing, Weißeno 1995). Hinter diesen Fragen stehen politische Schlüsselbegriffe oder Kategorien, die sich zur Analyse eines politischen Vorganges eignen.

Schlüssel-fragen

Wer diese Fragen auswählt und sie in Arbeitsaufgaben zur Untersuchung eines Zeitungstextes umwandelt, wird zwei Erfahrungen machen:

Die Suche nach Antworten

- Politik findet in einer Demokratie in erstaunlichem Ausmaß öffentlich statt. Die Bürgerinnen und Bürger können sich fast immer ein recht genaues Bild von politischen Vorgängen machen. Voraussetzung dafür ist ein Verständnis für Politik (Dimensionen des Politischen, Politikzyklus).
- Die Zeitungen berichten umfassend über ‚Politik'. Sie enthalten – Tag für Tag, Woche für Woche – eine Fülle von klar gegliederten, mit hohem Sachverstand verfassten und in gutem Deutsch geschriebenen Texte über Politik. Die Medien, insbesondere die regionalen und überregionalen Tages- und Wochenzeitungen, helfen den Bürgern sich zu informieren und sich politisch zu beteiligen.

2.5 Auswertung der Zeitungstexte für das Unterrichtsbeispiel

Lehrer stellt Fragen ...

Zur Untersuchung des Kommentars von Nina Bovensiepen wählt der Lehramtsstudent folgende Fragen aus: Um was geht es? Wer ist an der Auseinandersetzung beteiligt? Welche Ziele verfolgen die Akteure? Wie verläuft die Auseinandersetzung? Danach wandelt er die Fragen in Arbeitsaufgaben für seine Schüler um: Nennen Sie den Streitpunkt, um den der Streik geführt wird. Zählen Sie die Akteure auf, die an der Auseinandersetzung beteiligt sind. Arbeiten Sie die Ziele der Akteure heraus. Beschreiben Sie den Verlauf des Streiks und der Streikschlichtung in den vergangenen Tagen.

... und beantwortet sie zunächst selbst

Zunächst sucht er selbst nach Antworten. Angehende Lehrerinnen und Lehrer drücken sich gerne in der Unterrichtsvorbereitung vor dieser Aufgabe und erleben dann in der Stunde peinliche Überraschungen.

Wer ist an der Auseinandersetzung beteiligt?
Welche Ziele verfolgen die Akteure?

(Zählen Sie die Akteure auf, die an der Auseinandersetzung beteiligt sind. Arbeiten Sie die Ziele der Akteure heraus.)

Hartmut Möllring, Verhandlungsführer der Bundesländer:
Am Tag sollen 18 Minuten mehr gearbeitet werden. Dieses Ziel muss erreicht werden.
Die Kassen der Länder sind leer; es gibt nichts zu verteilen. Daher kann es auch keinen Kompromiss geben. Die Forderungen der Gegenseite müssen zurückgewiesen werden.

Gewerkschaft Verdi und Verdi-Chef Bsirske:
Die Forderung nach 18 Minuten Mehrarbeit pro Tag muss zurückgewiesen werden.
Die Bundesländer sollen in den Tarifverbund mit Bund und Kommunen zurückkehren. Der Bruch der Tarifeinheit bedeutet für Verdi eine Schwächung.

Das Arbeitgeberlager:
Seit dem Wochenende ist das Arbeitgeberlager gespalten. Vor allem die sozialdemokratischen Vertreter wollen den Streit

mit einem Kompromiss beenden, in dem jede Seite ein wenig nachgibt. Möllring, CSU-Chef Stoiber und andere dagegen beharren auf ihrer Position und sind nicht kompromissbereit.

Volksparteien CDU/CSU und SPD:
CDU, CSU und SPD bilden in Berlin eine große Koalition. Die harmonische Zusammenarbeit kann durch das unterschiedliche Verhältnis von SPD und Union zu den Gewerkschaften gestört werden.

Um was geht es?

(Nennen Sie den Streitpunkt, um den der Streik geführt wird.)

Vordergründig geht es in dem Streit um 18 Minuten Mehrarbeit am Tag.

Zugleich ist der Streit eine Machtprobe. Es geht um die Zukunft der Tarifpartnerschaft und die Bedeutung der Gewerkschaften als Machtfaktor.

Auf der einen Seite stehen Verdi und ein Teil des Arbeitgeberlagers. Sie wollen eine Streitlösung durch Kompromiss. Auf der anderen Seite steht die Mehrheit des Arbeitgeberlagers, die ihre Position kompromisslos durchsetzen möchte, auch wenn dann Verdi verliert, nicht mehr das Gesicht wahren kann und an Stärke verliert. Vielleicht ist dies sogar das Ziel der Mehrheit auf Arbeitgeberseite. Die Gewerkschaft soll so geschwächt werden, dass sie in zukünftigen Verhandlungen nur noch wenig Widerstand leisten kann.

Wie verläuft die Auseinandersetzung?

(Beschreiben Sie den Verlauf des Streiks und der Streikschlichtung in den vergangenen Tagen.)

Bis zum Wochenende (11./12.3.2006) verlief die *Auseinandersetzung* zum Nachteil von Verdi. Trotz großer Anstrengungen an der Streikfront konnte nichts erreicht werden. In der Öffentlichkeit verlor der Streik an Sympathie und Zustimmung. Seit dem Wochenende hat sich der Wind gedreht. Die *Entscheidung,* ein Spitzentreffen ohne jede Kompromissbereitschaft platzen zu lassen, ist in der Öffentlichkeit auf wenig Verständnis gestoßen. Die *Reaktion* ist eindeutig. Nun steht der Verhandlungsführer der Bundesländer Möllring als Buhmann da. Vertreter einzelner Bundesländer setzen sich von ihm ab.

Trotz dieser Wende ist Verdi ihrem Ziel keinen Schritt näher gekommen. Die Situation ist verfahren. Ein Ende des Streiks, das die Gewerkschaft als Erfolg verkaufen kann, ist nicht Sicht.

2.6 Thema der Stunde

Forumulierung des Themas

Zur Unterrichtsvorbereitung gehört auch die Formulierung des Themas. Damit soll die Aufmerksamkeit und das Interesse der Schüler geweckt werden (Oberzeile). Zugleich sollen sie wissen, um was es in der Stunde geht (Unterzeile). Von einer Karikatur der Frankfurter Rundschau vom 14.3.2006 (S. 4) lässt sich der Student inspirieren. Er wandelt die Unterschrift „Jetzt seid vernünftig und geht aufeinander zu !!!" zu seinem Stundenthema ab:

Ist es vernünftig aufeinander zuzugehen?

Zum Streik im öffentlichen Dienst

2.7 Die Durchführung der Stunde

Zum Einstieg in die Stunde wird das Thema genannt. Vielleicht wissen einige Schüler, worauf die Frage anspielt, und äußern sich zu dem Streik.

Nach kurzen spontanen Stellungnahmen spricht der Student über den Gang der Stunde. Zunächst untersuchen die Schüler in Partnerarbeit aktuelle Zeitungstexte zum Streikgeschehen und bearbeiten dazu gestellte Aufgaben. So sollen die unterschiedlichen Positionen der Streikgegner deutlich werden, über die dann abschließend diskutiert wird.

Auf einem Arbeitsblatt hat der Student zwei Texte zur Vorgeschichte und auf einem anderen einen Kommentar zum Abbruch der Verhandlungen am Wochenende abgedruckt. Auf dem dritten stehen derselbe Kommentar, aber andere Arbeitsaufgaben als auf dem zweiten. Die Klasse wird in „Tandems" aufgeteilt. Je zwei Schüler, die an einem Tisch sitzen, bilden

Einteilung zur Partnerarbeit

ein Team. Die Tandems werden drei Gruppen zugeordnet. Die Teams der ersten Gruppe beschäftigen sich mit der Aufgabe zur Vorgeschichte: Zeigen Sie die Vorgeschichte des Streiks auf. Die Tandems der zweiten Gruppe bearbeiten auf der Grundlage des Kommentars von Nina Bovensiepen in der SZ die Arbeitsaufgaben: Zählen Sie die Akteure auf, die an der Auseinandersetzung beteiligt sind. Arbeiten Sie die Ziele der Akteure heraus. Den Teams der dritten Gruppe werden die Arbeitsaufgaben gestellt: Nennen Sie den Streitpunkt, um den der Streik geführt wird. Beschreiben Sie den Verlauf des Streiks und der Streikschlichtung in den vergangenen Tagen.

Nach der Organisation der Partnerarbeit übergibt der Student den „Tandems" ihr Arbeitsblatt. Die Teams bekommen 15 Minuten Zeit zur Bearbeitung der gestellten Aufgaben.

Nach der Partnerarbeit tragen ausgewählte Untersuchungsteams der zweiten und dritten Gruppe ihre Antworten vor. Der Lehrer achtet dabei immer darauf, dass die Antworten aus dem Text heraus belegt werden und nicht wild spekuliert wird. Herrscht Klärungsbedarf, werden dazu zunächst die „Vorgeschichten-Teams" herangezogen.

Auswertung der Partnerarbeit

Erst nach der Auswertung der Partnerarbeit gibt der Lehrer den Schülern Gelegenheit zur Diskussion. In Anlehnung an das Thema der Stunde wird die Diskussion unter die Frage gestellt: Sollen die Tarifpartner aufeinander zugehen? Das Läuten der Glocke wird die Diskussion beenden.

Diskussion

2.8 Die Stunde im tabellarischen Überblick

Thema der Stunde:

Ist es vernünftig aufeinander zuzugehen?

Zum Streik im öffentlichen Dienst

Ziele der Stunde:

Die Schüler sollen sich auf der Grundlage von Zeitungstexten ein eigenes Bild von dem Streik im öffentlichen Dienst und von dem Vorgehen der Tarifpartner machen. Ihr Interesse für den weiteren Verlauf und das Ergebnis der Auseinandersetzung soll geweckt werden.

Zeit	Unterrichts-schritte	Didaktisch-methodi-scher Kommentar	Materialien
5 Min.	Einstieg:	Das Thema der Stunde wird vorgestellt. Die Schüler nehmen dazu spontan Stellung.	Anschrieb des Themas an die Tafel (Oberzeile)
5 Min.	Überleitung zur Partner-arbeit	Zur Untersuchung des Arbeitskampfes wird die Klasse in drei Gruppen und die Gruppen in Tandems bzw. Teams zu je zwei Schülern eingeteilt.	
15 Min.	Partner-arbeit	Die Teams von zwei Gruppen bearbeiten vorbereitete Aufgaben auf der Grundlage eines Zeitungskommentars. Eine Gruppe beschäftigt sich mit der Vorgeschichte.	Kommentar aus der SZ (13.3.2006, S. 4); zur Vorgeschichte FR 13.03.2006, S. 2, FAZ 13.03.2006, S. 3
10 Min.	Auswertung der Partner-arbeit	Einzelne Teams tragen die Ergebnisse ihrer Partnerarbeit vor. Die Tandems für die „Vorgeschichte" helfen bei der Klärung offener Fragen.	
10 Min	Diskussion (wenn zeitlich möglich)	Sollen die Tarifpartner aufeinander zugehen? In der Diskussion vertreten die Schüler ihre Position.	

2.9 Kommentar zur Planung der Stunde

Die Stunde kann eigentlich nicht schiefgehen. Chaotisch kann es nur bei der Einteilung in Gruppen und Tandems werden. Durch die Verteilung der Arbeitsblätter, auf denen die Texte und Arbeitsaufgaben bereits stehen, meistert der Student diese zunächst schwierig anmutende Situation.

2.9.1 Stärken der Stunde

Die Stunde weist Merkmale einer guten Stunde auf:
- Der Inhalt ist aktuell.
- Der politische Vorgang interessiert die Schüler.
- Alle Schüler kommen zum Arbeiten.
- Zum Schluss diskutieren Lehrer und Schüler gleichberechtigt „auf gleicher Augenhöhe" über ihre Arbeitsergebnisse.

Garanten für den Unterrichtserfolg sind zum einen die Zeitungstexte. Wie gut sie sind, merkt man erst, wenn man sich den Arbeitsaufgaben stellt. Natürlich geraten bei der Bearbeitung des Kommentars von Nina Bovensiepen nicht alle Aspekte des Arbeitskampfes ins Blickfeld. Für die Untersuchungsfragen bzw. Arbeitsaufgaben finden sich aber in dem Text Antworten, die eine recht differenzierte Betrachtung und Meinungsbildung zulassen. Der Kommentar ist um Ausgewogenheit bemüht; beide Seiten werden kritisch gesehen.

Zeitungstext als Garant für den Unterrichtserfolg

Gelingt es den Schülern, aus dem Kommentar heraus die ihnen gestellten Aufgaben zu bearbeiten, dann haben sie einen Einblick in die Zusammenhänge und Hintergründe des Arbeitskampfes gewonnen. Diesen Unterrichtserfolg verdankt der Student in erster Linie der hohen Qualität des Kommentars.

Die Arbeitsaufgaben führen zum Kern des Politischen.

2.9.2 Schwächen der Stunde

Jede Stunde hat ihre Stärken und Schwächen. Auch wenn sich in einer Einzelstunde inhaltlich und methodisch wenig machen lässt, so fällt die Textlastigkeit der Stunde auf. Das methodische Vorgehen mit der Partnerarbeit ist altbekannt und wenig einfallsreich. In einer Unterrichtseinheit mit mehreren Unterrichtsstunden hätte der Lehrer zum krönenden Abschluss eine Talkshow planen können.

Die Zielsetzung ist unklar. Man merkt der Stunde an, dass es bei der Planung vor allem um das Überstehen der ersten Unterrichtsstunde für einen Lehramtsanwärter geht. Die Diskussion am Schluss dient der Meinungsbildung der Schülerinnen und Schüler. Sie ersetzt natürlich nicht eine systematische Urteilsbildung, die den Politikunterricht mit dem allgemeinen Ziel „Politische Mündigkeit" auszeichnet. Die Stunde kann für sich „nur" in Anspruch nehmen, Interesse für Politik zu wecken.

Allgemeine Zielsetzung

Bei der Erprobung wird sich herausstellen, dass die Stunde wie so viele Planungsentwürfe inhaltlich zu vollgepackt ist. So wird die Arbeitsaufgabe „Beschreibt den Verlauf des Streiks und der Streikschlichtung in den vergangenen Tagen." bei der Auswertung aus zeitlichen Gründen unberücksichtigt bleiben. Für die Diskussion wird wenig Zeit bleiben (vgl. S. 99)

Die Aktualität der Stunde ist ihre Stärke und ihre Schwäche zugleich. Aktualität weckt bei den Schülerinnen und Schüler Interesse; zugleich sorgt sie für ein sehr frühes Verfallsdatum. Die Stunde kann nie wieder eingesetzt werden. Politiklehrer, die für ihren Unterricht aktuelle Inhalte wählen, müssen ihre Einheiten immer wieder neu planen. Umso wichtiger ist es, dass sie im Studium und in der Referendarzeit lernen, ohne großen Zeitaufwand Themen zu entwickeln, Materialien zusammenzustellen und guten Unterricht zu planen.

Aktuallität führt zu raschem Verfallsdatum

3. Unterrichtseinheit 2 – „Letzte Rettung"

An den Streik im öffentlichen Dienst 2006 kann sich heute kaum jemand erinnern. Die Unterrichtsstunde darüber ist für eine erneute Verwendung im Unterricht „verbrannt". Sie dient lediglich als Vorlage für eigene Planungsversuche. Sie soll dabei helfen, die Gedanken vor der ersten Unterrichtsstunde zu ordnen und das Vorgehen bei der Vorbereitung effektiv zu gestalten. Planen aber muss die Studentin oder der Referendar schon selbst und die Angst, dabei nichts zustande zu bringen, bleibt.

Planen ohne Erfolgsdruck

Um einer drohenden „Panik" vorzubeugen, soll der Studentin zusätzlich eine Unterrichtsstunde an die Hand gegeben werden, die an Aktualität nicht gebunden ist und die von ihr ungefähr so, wie abgedruckt, auch gehalten werden kann. Wer also seine erste Stunde plant, steht nicht länger unter Erfolgsdruck. Man kann die eigene Planung noch in letzter Minute verwerfen und trotzdem vorbereitet vor die Klasse treten.

3.1 Zeitungstexte

1) Gründe eines Bürgermeisters für den Eintritt in eine Partei

Martin Singler will in die CDU eintreten

Hartheims Bürgermeister hat seinen Austritt aus der Fraktion der Freien Wähler im Kreistag Breisgau-Hochschwarzwald erklärt

Von unserem Redakteur Nicolas Scherger

FREIBURG. Hartheims Bürgermeister Martin Singler meint es ernst mit seinem Wunsch, in die CDU einzutreten – trotz aller Kritik aus deren Reihen. Um den Weg für die Aufnahme in die CDU freizumachen, hat er seinen Austritt aus der Fraktion der Freien Wähler im Kreistag Breisgau-Hochschwarzwald erklärt. …

Mit der Begründung seines Aufnahmeantrags im Oktober hatte Singler unter prominenten CDU-Mitgliedern Empörung ausgelöst. Er wolle nicht, dass seiner Gemeinde aus seinem persönlichen Bedürfnis nach Unabhängigkeit Nachteile entstünden – deswegen wechsle er von den Freien Wählern zur CDU. „Bei solch niederen Beweggründen kann ich mir nicht vorstellen, dass er in die Partei aufgenommen wird", sagte Jürgen Ehret, Bürgermeister im benachbarten Heitersheim und Chef der CDU-Fraktion im Kreistag. Die Behauptung, ein Bürgermeister käme mit CDU-Parteibuch besser an Landeszuschüsse, sei aus der Luft gegriffen. …

In: Badische Zeitung, 28.11.2008, S. 8

Gundolf Fleischer verlangt eine Absage der CDU
Martin Singler beleidigt diese Partei und deren Vertreter

FREIBURG/HARTHEIM Landtagsabgeordneter Gundolf Fleischer hat den Kreisvorsitzenden der CDU Breisgau/Hochschwarzwald Markus Riesterer aufgefordert, dass der Kreisvorstand der CDU Breisgau/Hochschwarzwald unverzüglich und endgültig den Aufnahmeantrag des Hartheimer Bürgermeisters Martin Singler ablehnt.

In einer Pressemitteilung schreibt Fleischer, es sei eine üble Unterstellung für die CDU-Landespolitik und deren Vertreter, wenn Singler sein Aufnahmebegehren damit begründe, dass er als CDU-Mitglied mehr Zuschüsse des Landes erhalte.

Fleischer weist darauf hin, dass es seit jeher selbstverständliche Grundlage einer CDU-Landespolitik gewesen sei, nach Recht und Gesetz und nicht nach Parteizugehörigkeit zu entscheiden.

In: Badische Zeitung, 22.11.2008, S. 11

2) Bürgerstimmen

Ehrlichkeit zahlt sich nicht immer aus – Ein Leserbrief

Eigentlich haben wir es doch alle schon längst geahnt – Bürgermeister Singler spricht es nun öffentlich aus: Wer etwas erreichen will, ob für sich selbst oder für seine Gemeinde, muss sich mit den Herrschenden gut stellen. Für diese offenen Worte und Bestätigung des gängigen (Vor-)Urteils möchte ich Herrn Singler danken. Allerdings zeigt die Reaktion der CDU, dass Herr Singler hier wohl zu plump und ungeschickt vorgegangen ist. Ehrlichkeit zahlt sich halt nicht immer aus! In seinem Fall wäre es besser gewesen, seinen Parteiwechsel mit ideologischer Übereinstimmung zur CDU zu begründen, selbst wenn dies nicht die wirkliche Motivation gewesen sein sollte.

Es zeugt von einem gewissen politischen und moralischen Anstand, wenn die CDU sich nun ziert, jemanden in ihre Reihen aufzunehmen, der sich hiervon ausschließlich oder vornehmlich Vorteile für seine Gemeinde erhofft.

Matthias Schmidt, Bad Krozingen
In: Badische Zeitung, 26.11.2008, S. 21

Ehrliche Analyse der Vetterleswirtschaft – Ein Leserbrief

BZ-Zetti, erklär's mir: Ist es denn wirklich so schlimm in unserem Land, dass Gemeinden mit schwarzen Bürgermeistern mehr Zuschüsse bekommen, wie es das künftige CDU-Mitglied, Bürgermeister Singler, behauptet? Ist es wirklich keine journalistische Panne, dass bei Behördenanlässen, Schulbesuchen und bei der Verleihung von Verdienstkreuzen stets die Mitglieder der „Staat-sind-wir-Partei" als Vertreter der Landesregierung erscheinen und stolz unsere Steuergelder als Segnungen ihrer Politik präsentieren? Hätte Singler nicht einmal beim Koalitionspartner FDP eine Chance gehabt? Erst jetzt wird mir bewusst, was ich mit dem richtigen Parteibuch hätte werden können. … Auch wenn nun Singler für seine kreuzbrave Naivität bei den neuen Freunden der Staatspartei unten durch sein sollte, so viel ehrliche Analyse der Vetterleswirtschaft und all den anderen fragwürdigen Seil- und Machenschaften verdient doch eine Landesehrennadel!

Klaus Hör, Titisee-Neustadt
In: Badische Zeitung, 28.11.2008, S. 41

3) Wird nach Recht und Gesetz oder nach Parteizugehörigkeit entschieden?

Insider-Sicht 1 –
Leserbrief der Gemeinderätin Karolina Jegge

Martin Singler hat zur Sprache gebracht, was alle längst ahnen. In zwölf Jahren Gemeinderatstätigkeit in Eschbach musste auch ich lernen, dass es oft nicht um die Sache geht, sondern darum, es jemandem recht zu machen, der sich dann das nächste Mal hoffentlich revanchiert. Jeder kann sich vorstellen, dass das parteiintern am Besten funktioniert. In meinen Gesprächen mit Kommunalpolitikern ohne Anwesenheit der Presse hat dies auch keiner jemals bestritten.

In gemeinsamen Sitzungen mit Hartheim habe ich selbst erlebt, wie Herrn Singler durch die Blume klar gemacht wurde, dass es eben von Vorteil ist, zur richtigen Partei zu gehören. Diese Meinung haben durchaus auch CDU-Politiker schon öffentlich vertreten. Frau Heute-Blum, CDU-Kandidatin für die OB-Wahl Freiburg, hat vor der Wahl verkündet, dass es keinen Sinn machen würde, Herrn Salomon zu wählen, da er ohne CDU-Parteibuch in Stuttgart ohnehin nichts für Freiburg bewegen könnte. Damals gab es überraschenderweise keinen Aufschrei von Herrn Fleischer.

Herr Singlers kleine Provokation hat zumindest bewirkt, dass über dieses Thema berichtet wird. Solche Strukturen können nur entstehen, wenn eine Partei über Jahrzehnte hinweg Regierungsmacht besitzt und sich eigentlich auch sicher sein kann, dass das so bleibt. Der Wähler allein hat also die Möglichkeit, die Voraussetzungen für derartige Strukturen zu schaffen oder sie eben auch nicht zuzulassen. Das sollten sich die Wähler bei jeder Wahl bewusstmachen.

Karolina Jegge, Eschbach
In: Badische Zeitung, 26.11.2008, S. 11

Insider-Sicht 2 – Leserbrief eines Landesvorstands-mitglieds des Gemeindetags Baden-Württemberg

… Die Behauptung, wonach Bürgermeister mit CDU-Parteibuch Vorteile bei Zuschussvergaben des Landes genießen, ist schlichtweg unbegründet und problemlos widerlegbar. Die größte Zahl der Bürgermeister in Baden-Württemberg stellen übrigens die Freien Wähler, nicht die CDU!

Da mir als Landkreisvertreter des Gemeindetags Baden-Württemberg die Zuschussentscheidungen der letzten Jahre vorliegen, ist beweisbar, dass Gemeinden mit Bürgermeistern der „Freien Wähler", oder auch anderer Parteien, regelmäßig Zuschussempfänger aus allen Förderprogrammen des Landes waren.

Die Vergabeverfahren von Zuschüssen werden auf verschiedenen Verwaltungsebenen des Landes durchgeführt. Die politischen Meinungen und Parteibücher der behördlichen Referats- und Abteilungsleiter sind im Übrigen vielfältig. Alle Zuschussprogramme sind objektiven Vergabekriterien und späterer Prüfungen durch die Rechnungshöfe unterworfen, die zunächst von den antragstellenden Gemeinden zu erfüllen sind.

Da in allen Zuschussprogrammen das zur Verfügung stehende Geld nie ausreicht, um alle Anträge zu bewilligen, stehen alle Gemeinden des Landes und in unserer Region letztlich in einem regelmäßigen Konkurrenzkampf. Dieser wird auch innerhalb der Bürgermeister mit gleichem Parteibuch zu Genüge geführt! Parteifreunde sind nicht immer die besten Freunde und wenn's um Geld geht, schon gar nicht! Dass sich Abgeordnete aller Parteien bei Zuschussvergaben für die Gemeinden ihrer Wahlkreise einsetzten, ist dabei nicht verwerflich, sondern letztlich Aufgabe eines Abgeordneten als Interessenvertreter für die Menschen seiner Region. Dies wird auch von allen Abgeordneten, egal welcher Partei, wahrgenommen.

Stefan Wirbser (CDU), Bürgermeister von Feldberg, Vertreter des Landkreises Breisgau-Hochschwarzwald im Landesvorstand des Gemeindetags Baden-Württemberg

In: Badische Zeitung, 05.12.2008, S. 28

3.2 Entwicklung vorläufiger Themen mit Hilfe der Dimensionen des Politischen

Aufschlüsse-lung des Vorgangs

Der Bürgermeister von Hartheim möchte in die große Regierungspartei seines Bundeslandes eintreten, die seit Jahrzehnten die Regierung zusammen mit einem deutlich schwächeren Koalitionspartner stellt. Singler hegt bei diesem Schritt die Erwartung, mit der Zugehörigkeit zur „Staatspartei" seiner Gemeinde Vorteile verschaffen zu können. Vertreter der Regierungspartei zeigen sich empört über diese Unterstellung. Von Patronage durch die CDU könne in Baden-Württemberg keine Rede sein. Sie wenden sich gegen die Aufnahme von Bürgermeister Singler in ihre Partei.

Um zum Kern des Politischen vorzustoßen, soll der Vorgang mit Hilfe der Dimensionen des Politischen auf der Grundlage der Zeitungstexte aufgeschlüsselt werden.

Dimension Inhalt des Politischen

Parteienver-drossenheit in der Klasse

In der Gesellschaft und wohl auch unter den Schülerinnen und Schülern der Klasse, in der die erste Stunde abgehalten werden soll, herrscht ein hohes Maß an Parteienverdrossenheit. Ursache dafür ist u.a. der Verdacht, Parteien, insbesondere Regierungsparteien, wirken nicht nur an der politischen Willensbildung des Volkes mit, sondern nutzen ihre Stellung zu einem Hineinwirken in die öffentliche Verwaltung und in die Gesellschaft und damit zu einer systemwidrigen Herrschaftsausübung aus. Trifft diese Annahme zu? Liegt hier ein politisches Problem vor? Worin besteht das Problem? Aus dem politischen Vorgang um Martin Singler lassen sich exemplarisch Argumente anführen, die für und gegen das Vorhandensein dieses Problems sprechen.

Heraus-arbeiten des politischen Problems

Dimension Prozess des Politischen

Auseinander-setzung

Der Bürgermeister von Hartheim hat mit dem Wunsch, in die CDU einzutreten, und seiner Begründung dafür eine öffentliche Kontroverse ausgelöst. Die Akteure in diesem Streit vertreten unterschiedliche Positionen. Bürgerinnen und Bürger stimmen Martin Singler zu, Mandatsinhaber der CDU widersprechen ihm heftig.

Dimension Form des Politischen

„Parteien wirken bei der politischen Willensbildung mit, indem sie

- die unterschiedlichen politischen Vorstellungen und Interessen in der Gesellschaft artikulieren, sie zu politischen Konzepten und Programmen bündeln und Lösungen für politische Probleme suchen,
- in der Öffentlichkeit für ihre Vorstellungen werben und die öffentliche Meinung und die politischen Ansichten der einzelnen Bürger beeinflussen,
- den Bürgerinnen und Bürgern Gelegenheit bieten, sich aktiv politisch zu betätigen und Erfahrungen zu sammeln, um politische Verantwortung übernehmen zu können,
- die Kandidaten für die Volksvertretungen in Bund, Ländern und Gemeinden und das Führungspersonal für politische Ämter stellen,
- als Regierungsparteien die politische Führung unterstützen,
- als Oppositionsparteien die Regierung kontrollieren, kritisieren und politische Alternativen entwickeln" (Pötzsch 2003, 38).

Von einer Bevorzugung eigener Parteimitglieder durch die Regierungspartei ist bei den hier aufgelisteten Aufgaben der Parteien nicht die Rede. Erfüllen die Parteien ihre Aufgaben und werden sie dadurch ihrer Stellung im politischen System der Bundesrepublik Deutschland gerecht oder haben sie ihren Macht- und Einflussbereich entgegen den Bestimmungen des Grundgesetzes ausgedehnt? Der Vorgang um Martin Singler fordert zur Untersuchung des Parteienstaates in der Bundesrepublik Deutschland auf.

Untersuchung des „Parteien-staates"

3.3 Auswahl eines vorläufigen Themas

Die Schülerinnen und Schüler sollen die öffentlich geführte Kontroverse um den geplanten Parteieintritt von Martin Singler anhand ausgewählter Zeitungstexte untersuchen und dabei die geäußerten Vorwürfe gegen die Parteien, aber auch die Argumente zur Verteidigung der Parteien kennenlernen.

Dimension Prozess des Politischen

Aus den Texten lässt sich keine abschließende Antwort über die Stichhaltigkeit der Begründung Martin Singlers für seinen Parteiaufnahmewunsch herauslesen. Von einer Aussage über die Patronagepraxis der Parteien und damit über das Vorhandenseins eines politischen Problems müssen die Schülerinnen und Schüler daher absehen.

Unterrichts-bedingungen

Für das Unterrichtsvorhaben spricht die gerade unter Jugendlichen weit verbreitete Parteienverdrossenheit. Die Schülerinnen und Schüler werden die Aussagen in den Zeitungstexten mit Interesse lesen, weil sie darin zunächst ihre Aversion gegenüber Parteien bestätigt sehen.

3.4 Ziele

Allgemeine Zielsetzung: Schüler zu kritischen Zeitungslesern machen

In den 45 Minuten einer Einzelstunde kann nicht viel erreicht werden. Die Studentin beschränkt sich auf ein bescheidenes Ziel: Die Schülerinnen und Schüler sollen sich im Auswerten von Zeitungstexten üben. Auf den ersten Blick bestätigen die Ausschnitte aus der Badischen Zeitung über die Gründe für den Parteieintrittswunsch von Bürgermeister Singler weit verbreitete Vorbehalte gegenüber den Parteien. Bei sorgfältigem Hinsehen werden die Jugendlichen aber einsehen, dass sich aus den Texten insgesamt keine eindeutige Bestätigung für die Bevorzugung von Mitgliedern der Regierungspartei finden lässt. Andererseits können aber auch die Vorwürfe einer „Vetterleswirtschaft" nicht völlig entkräftet werden. Die Analyse der Zeitungstexte lässt eine abschließende Urteilsbildung nicht zu. Die Stunde macht den Schülerinnen und Schülern klar, wie wichtig es ist, beim Urteilen Zurückhaltung zu üben. Wenn sie diese Erfahrung verinnerlichen, dann hat die Stunde viel erreicht.

Untersuchung der Dimension Form des Politischen

Der Fall[2] des Bürgermeister Singler gibt für den Politikunterricht weit mehr her. Nach einer eingehenden Untersuchung der Vorgänge kann gefragt werden: Was bedeutet es für eine Demokratie und damit für die Herrschaft des Volkes, wenn Martin Singler Recht hat und Bürgermeister mit dem „richtigen" Parteibuch bevorzugt werden? Was ist an einer derartigen Patronagepraxis eigentlich so schlimm? Bei der Beantwortung können die Aufgaben der Parteien nach Art. 21 GG und die Gefahren einer systemwidrigen Ausdehnung untersucht werden. Der „Fall" lässt sich also leicht zum Ausgangspunkt für eine Analyse der „Parteienherrschaft" in der Bundesrepublik Deutschland nutzen, doch wären dazu mehrere Unterrichtsstunden, eine leistungsfähige Oberstufenklasse und auch eine fachlich gut eingearbeitete Lehrerin notwendig.

3.5 Durchführung der Stunde

Einstieg

Zu Beginn nennt die Lehrerin das Stichwort „Parteien" und hört sich die spontanen Äußerungen aus der Klasse an. Danach berichtet sie von dem Bürgermeister von Hartheim[3] Singler und der Begründung für seinen Wunsch in die CDU einzutreten.

Partnerarbeit

Nach dieser Einführung sollen die Schülerinnen und Schüler in Partnerarbeit aus einem für sie vorbereiteten Zeitungsausschnitt (s.o. 3.1, S. 81-85) herausarbeiten, ob der Parteieintritt Singlers für Hartheim als vorteilhaft angesehen wird oder nicht (Arbeitsaufgabe: Laut Martin Singler bringt einer Gemeinde die Zugehörigkeit des Bürgermeisters zur Regierungspartei Vorteile. Nenne die Belege, die in dem Text zur Bestätigung bzw. zur Widerlegung dieser Behauptung angeführt werden.). Wichtig ist, dass die Schüler nicht ihre Meinung als Antwort anführen, sondern aus dem jeweiligen Zeitungstext die dort vertretene Position herausarbeiten[4].

Auswertung

In der Auswertung nach der Partnerarbeit werden die gefundenen Positionen zusammengefasst und einander gegenübergestellt[5]:

Die Regierung bevorzugt Städte und Gemeinden, deren Bürgermeister ihr Parteibuch besitzen.	Die Regierung behandelt alle Städte und Gemeinden gleich, unabhängig von der Parteizugehörigkeit der Bürgermeister.

Diskussion

Die Auswertung leitet in eine Diskussion über. Sie hält für die Jugendlichen ein Aha-Erlebnis bereit. Viele Schülerinnen und Schüler werden in dem Vorgang ihre Vorbehalte gegenüber Parteien bestätigt sehen. Die Texte lassen aber in ihrer Gesamtheit weder eine Bestätigung noch eine Widerlegung des Patronage-Verdachts zu. Lediglich über Bürgermeister Singler kann eine wertende Aussage getroffen werden. Die ehrliche, aber naive Angabe der Gründe für seinen geplanten Parteieintritt hat Hartheim bei der Landesregierung sicherlich wenig genutzt. Bürgermeister Singler hat politisch ungeschickt gehandelt.

3.6 Die Stunde im tabellarischen Überblick

Thema der Stunde:

Vorschlag 1   Demokratie = Vetterleswirtschaft?

Vorschlag 2   Demokratie – Volksherrschaft
                     oder Parteienherrschaft?

Ziele der Stunde:

Die Schülerinnen und Schüler sollen
- sich in der Auswertung von Zeitungstexten üben,
- die Aufgaben von Parteien in einer repräsentativen Demokratie kennenlernen,
- die Begründung von Bürgermeister Singler für seinen geplanten Parteieintritt kennenlernen,
- aus Zeitungstexten Argumente für und gegen die Stichhaltigkeit dieser Begründung herausarbeiten,
- von einer Verurteilung der Parteien auf dieser Grundlage Abstand nehmen,
- Skepsis gegenüber eigenen vorschnellen Urteilen entwickeln.

Zeit	Unterrichts-schritte	Didaktisch-metho-discher Kommentar	Materialien
5 Min.	Einstieg: Parteien – Was fällt Euch zu diesem Stichwort ein?	Die spontanen Schü-leräußerungen zeigen dem Lehrer das Maß von Parteienver-drossenheit in der Klasse an.	
5 Min.	Lehrer-vortrag	Schilderung der Überlegungen von Bürgermeister Singler über den geplanten Eintritt in die Regie-rungspartei.	
13 Min.	Partner-arbeit	Jeweils zwei Schüler untersuchen einen Zeitungstext mit der Untersuchungsauf-gabe: Laut Martin Singler bringt die Zugehörigkeit des Bürgermeisters zur Regierungspartei Vorteile für seine Gemeinde. Nenne die Argumente und Gegenargumente, die in dem Text zu dieser Behauptung angeführt werden.	Texte aus der Badischen Zeitung vom 22.11.2008, 26.11.2008, 28.11.2008, 05.12.2008
12 Min.	Auswertung	Die herausgearbei-teten Positionen werden einander gegenübergestellt.	
10 Min.	Diskussion (wenn zeit-lich mög-lich)	Hat Singler Recht mit seiner Begründung? Warnung vor vor-schnellen Urteilen, Beurteilung des Politikers Singler.	

3.7 Überprüfung der Planung

Vergleicht man bei der schriftlichen Ausarbeitung einer Unterrichtsplanung den tabellarischen Überblick mit den angegebenen Zielen für die Stunde, erlebt man mitunter unangenehme Überraschungen. Vollmundig werden Ziele angegeben, die dann in der Stunde gar nicht eingelöst werden.

Vergleich Ziele – tabellarischer Überblick

In unserem Beispiel ist für das Ziel „Die Schülerinnen und Schüler sollen die Aufgaben von Parteien in einer repräsentativen Demokratie kennenlernen" kein Unterrichtsschritt vorgesehen. Allein die Aufzählung und kurze Erläuterung der einzelnen Aufgaben (vgl. S. 57/Pötzsch) erfordern aber mindestens fünfzehn bis zwanzig Minuten Unterrichtszeit. Die Lehramtsstudentin ahnt, dass dies für sie sehr lange und für die Jugendlichen langweilige und nutzlose Minuten sein werden („Vorwärts und rasch vergessen!"). So einfach lässt sich Wissen mit Aussicht auf „bleibenden" Erfolg nicht vermitteln. Deshalb drückt sie sich um diesen Unterrichtsschritt. In der Einzelstunde einer Anfängerin kann auf den Erwerb von Wissen durch die Schüler verzichtet werden.

Die Angabe eines Zieles ohne Umsetzung im Unterricht dagegen kann nicht akzeptiert werden[6]. Daher sollte man bei einem schriftlichen Unterrichtsentwurf immer die Ziele mit dem Unterrichtsverlauf vergleichen und ggf. Streichungen bei den Zielen vornehmen – oder mit der Planung neu beginnen.

Auch die Formulierung des Themas (vgl. Breit, Weißeno 2004, 32 ff.) verspricht in beiden Fassungen viel mehr, als die Stunde hält. Den Inhalt der Frage lernen die Jugendlichen am Beispiel von Martin Singler kennen. Von einer klärenden Antwort kann in der Stunde keine Rede sein. Lediglich das Fragezeichen am Ende des Themas wird behandelt. Die Schülerinnen und Schüler sollen entdecken, dass die Frage am Ende der Unterrichtsstunde offen bleiben muss. Trotzdem können beide Themenformulierungen beibehalten werden. Sie sind geeignet, das Interesse der Schüler für den Unterrichtsinhalt zu wecken.

3.8 Unterrichtskritik

Nach ihrer ersten Unterrichtsstunde will die Studentin Kritik erfahren. Erfahrungsgemäß urteilen am besten Schülerinnen und Schüler. Sie beobachten ihren Lehrer unvoreingenommen und aufmerksam; ihnen entgeht wenig. In gemeinsamen Nachbesprechungen nach Beendigung einer Unterrichtsstunde (in der Didaktik vollmundig Meta-Unterricht genannt) gibt die zumeist faire und differenzierte Schülerkritik Lehrerinnen und Lehrern Anlass zum Nachdenken.

Die Studentin sollte daher nach ihrer ersten Stunde unbedingt versuchen, mindestens zehn Minuten lang mit der Klasse über den Unterricht zu sprechen. Wenn man nett bittet, räumt einem der Mentor diese Zeit ein. Auf pauschale Fragen wie „Hat Euch die Stunde gefallen?", erhält die Studentin zu Recht nichtssagende Antworten. Im Gespräch mit den Schülern muss man gezielt nachhaken: Habe ich unbekannte Begriffe verwendet? Waren meine Fragen verständlich? Reichte die Zeit für die Partnerarbeit aus? Habe ich Euch überfordert? Habe ich jemand, der sich gemeldet hat, übergangen? Was habt ihr in der Stunde gelernt?

Gespräch mit der Klasse über den Unterricht

Die Antworten sind für angehende Politiklehrerinnen und -lehrer aufschlussreich. Geben sich die Schülerinnen und Schüler Mühe, ernsthaft und abgewogen zu antworten, dann kann die Lehrerin bei aller geäußerter Kritik stolz auf sich sein. Es ist ihr gelungen, zumindest eine Stunde lang mit den Jugendlichen eine partnerschaftliche Lerngemeinschaft aufzubauen.

Wichtig sind auch die eigenen Gefühle nach der Stunde. Hat das Unterrichten bei aller Anspannung und Unsicherheit auch Freude gemacht? Haben mich einige Schülerantworten überrascht und zum Nachdenken nach der Stunde angeregt? Habe ich mich über die Klasse gefreut? Bin ich durch die Stunde neugierig auf die Jugendlichen geworden? Wer diese Fragen bejaht, befindet sich auf dem richtigen Weg. Die gemeinsame Arbeit mit den Schülerinnen und Schülern belohnt die Lehrerinnen und Lehrer für die Anstrengungen des Unterrichtens.

Eigene Gefühle nach der Stunde

3.9 Nachtrag

Während der Drucklegung des Buches im Februar 2010 wurde der Rücktritt von Finanzstaatssekretär Gundolf Fleischer bekannt. Am 11.02.2010 verzichtete er darauf, dem Kabinett des neuen Ministerpräsidenten von Baden-Württemberg anzugehören. Fleischer soll Kiesunternehmen aus seinem Wahlkreis bei der Auftragsvergabe bevorzugt zu haben. Die Kies-Unternehmen haben die Partei von Fleischer im Wahlkampf mit Spenden unterstützt.

In der Frankfurter Allgemeinen Zeitung wurden am 17.02.2010 auf Seite 3 die Hintergründe dieses Rücktritts aufgehellt.

Das Ende des „Fleischerismus"

… Fleischer verzichtete wegen der seit Wochen schwelenden „Kies-Affäre" auf seinen Staatssekretärsposten. Möglicherweise ist das Spiel für ihn aus – ein Spiel, das daraus bestand, während der Woche in seinem südbadischen Wahlkreis Breisgau- Hochscharzwald unterwegs zu sein und dann noch nach Stuttgart ins Ministerium zu fahren und zu überprüfen, ob die vielen Förderanträge auch vorankamen. Er ziehe die Strippen von vorne und auf Augenhöhe und nicht von oben nach unten, beschrieb Fleischer einmal seine Arbeit. Ein Projekt vorschlagen, Geld beschaffen und für eine Baugenehmigung zu sorgen, das ist der Kern dessen, was seine Kritiker „Fleischerismus" nennen. (…)

Zur Perfektion brachte der Staatssekretär dieses System, weil er länger als ein Jahrzehnt auch Vorsitzender des Badischen Sportbundes war. Gerne ließ er sich mit dem Skispringer Georg Thoma oder beim Heimspiel des SC Freiburg fotografieren. Wer Zugang zu den Sportvereinen hat, kennt die Stimmungen in der Bevölkerung besser als jeder Parteifunktionär, der sich beim Bier nur mit den sogenannten Parteifreunden austauscht. Im Sportbund und im Kreisverband spürte Fleischer die Bedürfnisse, Probleme und Stimmungen der Bürger auf, sein Staatssekretärsposten in Stuttgart war das Instrument, um diese Interessen zu befriedigen.

Seit 1976, als die Südbadener den katholischen Juristen erstmals in den Landtag wählten, hat Fleischer das so gemacht, er war der „Sonnenkönig aus dem Breisgau" und – in der Sprache seiner Gegner – der „Pate von Südbaden". Politik war für Fleischer verteilen, fördern, ein gutes Wort einlegen. Programme waren Fleischer egal, theoretische Abhandlungen sind von ihm nicht überliefert.

Natürlich war es nicht der Staatssekretär und langjährige Kreisvorsitzende allein, der in Baden-Württembergs weinreichstem Wahlkreis die Fördergelder beschaffte, die Entscheidungen trafen immer noch Beamte. Aber Fleischer verstand es, immer den Eindruck zu vermitteln, als ob die Bürger die neue Turnhalle ihm allein zu verdanken hätten. (...)

Sein Einsatz an der „Spitze eines Kreisverbandes" habe „inzwischen etwas Einmaliges in Deutschland", urteilte zum 60. Geburtstag ein treuer Parteifreund. „Verlassen Sie sich darauf, ich kümmere mich, Sie bekommen einen Anruf", das waren die Sätze, die Bürger und Bürgermeister von ihm zu hören bekamen. Die Umgehungsstraße von Bad Krozingen, die Genossenschaftskneipe in Bollschweil oder der Umbau eines Gasthauses in Horben – Fleischer war stets hilfsbereit und fand irgendein Förderprogramm, das passte. „Wenn keiner kommt, ist Fleischer trotzdem da", spotteten einige, weil er bei jeder Parkbankeinweihung dabei war. Fleischer gelang es immer wieder, die Emotionen der Bürger in Staufen oder beim Hochwasserschutz am Oberrhein über die Stuttgarter Landespolitik zu dämpfen und zu vermitteln. Für Ministerpräsidenten wie Lothar Späth oder Günther Oettinger war er ein unverzichtbarer Interessenvermittler. Einige kleinere Rückschläge gab es im politischen Leben Fleischers: Erwin Teufel schob ihn aufs Abstellgleis, weil er dem Adel im Allgemeinen und Fleischer – er ist Cousin des Fürsten zu Fürstenberg und Sohn von Marie-Agnes Gräfin von Schönburg-Glauchau – im Besonderen misstraute. Auch eine Kandidatur für die Bundestagswahl scheiterte 1998, die SPD-Kandidatin gewann. Trotzdem kam das „System Fleischer" noch nicht einmal ins Wanken, als sein Nachfolger im Kreisvorsitz, Markus Riesterer, Unregelmäßigkeiten in der Parteikasse entdeckte.

Riesterer zeigte sich vor mehr als einem Jahr selbst an, seither ermittelt die Staatsanwaltschaft Freiburg gegen Fleischer wegen Untreue sowie der Veruntreuung von Sozialabgaben. Nur langsam setzte die „Gundolfdämmerung" ein.

Dass der Kreisverband Breisgau-Hochschwarzwald so sehr mit dem „System Fleischer" identisch werden konnte, liegt neben anderem an den vielen Bürgermeistern und Mandatsträgern, die Fleischer zu Dank verpflichtet sind. (…)

Aber irgendetwas musste dem langjährigen CDU-Kreisvorsitzenden einmal zum Verhängnis werden. Wer seit dreißig Jahren die Interessen seiner Region vertreten hat, wer Unternehmern, Bürgern, Lobbyisten versprach, in Stuttgart etwas für sie zu tun, der muss einmal Fehler machen. Die Kiesbranche ist für Südbaden nicht unwichtig. Der Grenzregion am Oberrhein fehlen bis heute große Industrieunternehmen. 1500 Mitarbeiter in der Kiesbranche müssen einen Landtagsabgeordneten deshalb interessieren. Fleischer sitzt nicht nur im Beirat einer Vermögensverwaltungsgesellschaft eines Freiburger Schotterwerks – die Kiesunternehmen aus seinem Wahlkreis unterstützten den Landtagswahlkampf 2006 großzügig mit 40 000 Euro. Fleischer soll deshalb versucht haben, eine Entscheidung über den Kiesabbau beim Ausbaggern eines Hochwasser-Rückhaltebeckens zwischen Weil am Rhein und Breisach zugunsten der Kiesunternehmen seines Wahlkreises zu beeinflussen. (…)

Das Vorgehen, das wenige Tage vor den Verhandlungen des neuen Ministerpräsidenten Mappus (CDU) bekannt wurde, riecht nach Vetterleswirtschaft und Patronage. Deshalb musste er auf einen Posten im ersten Kabinett Mappus verzichten.

Im Kreisverband diskutieren die Mitglieder nun, ob damit Fleischers Karriere beendet und auch das einzigartige „System Fleischer" an ein Ende gekommen ist. Jürgen Ehret, Bürgermeister von Heitersheim und einer der engsten Vertrauten Fleischers, sieht keinen Grund, warum er zur Landtagswahl nicht noch einmal antreten sollte. „Wenn er sich wieder bewirbt, wird er es. Die Frage ist nur, ob er sich das antut." Der Kreisvorsitzende der Jungen Union, Sven Ganter, und die zahlreichen innerparteilichen Gegner sehen das anders.

Sie wollen einen „personellen Neuanfang", sie wollen einen normalen Kreisverband, ohne den absolutistischen „Fleischerismus".

Rüdiger Soldt
In: Frankfurter Allgemeine Zeitung, 17.02.2010, S. 3

Auf den ersten Blick scheint jetzt alles klar und die Urteilsbildung einfach zu sein. Bürgermeister Martin Singler hatte in der Tat gute Gründe in die CDU einzutreten. Im Gebiet des Kreisverbandes Breisgau-Hochschwarzwald herrschte „Vetterleswirtschaft".

Vor Verallgemeinerungen sei dennoch gewarnt. Am Schluss seines ausgezeichneten Artikels bezeichnet Rüdiger Soldt das „System Fleicher" als einzigartig. Auch viele CDU-Parteimitglieder wünschen sich ein Ende der Patronage. Sie wollen einen ganz normalen Kreisverband. Normal heißt, dass auch im Kreisverband Breisgau-Hochschwarzwald wieder demokratische Verhältnisse herrschen und nicht der absolutistische „Fleischerismus". Politik in der Demokratie bedeutet nicht verteilen, fördern, ein gutes Wort einlegen.

Wird die oben ausgeführte Unterrichtsplanung dadurch hinfällig? Muss sich die Politiklehrerin, die den Unterricht danach durchgeführt hat, fragen, ob sie ihren Schülerinnen und Schüler ein falsches Bild von demokratischer Herrschafts- und Regierungswirklichkeit vorgegaukelt und damit indoktriniert hat? Die Frage sollte nicht vorschnell beantwortet werden.

Auf jeden Fall muss die Lehrerin, um glaubwürdig zu bleiben, das Ende des „Systems Fleischer" ihrer Klasse in einer zusätzlichen Stunde zur Untersuchung vorlegen. Dabei gibt es nichts zu beschönigen. Mit Demokratie hatte die Herrschaftspraxis des ‚Paten von Südbaden" wenig zu tun. Wer diese ‚Fehlentwicklungen' herausstellt, kann auch auf die in der Unterrichtsstunde benutzten Materialien noch einmal verweisen. Sie erscheinen jetzt in einem neuen Licht.

Bei aller – nur allzu berechtigten – Kritik am „Fleischerismus" muss dennoch auch jetzt vor voreiligen Verallgemeinerungen gewarnt werden. Rüdiger Soldt legt in der FAZ die Missstände schonungslos offen, spricht aber dabei von nicht-normalen Zuständen. Fehlentwicklungen gibt es immer. Der nächste Skandal kommt bestimmt.

Die Lehrerin kann auch herausstellen, dass die über Jahrzehnte aufgebaute und in Gang gehaltene Praxis zu einem unrühmlichen Ende gelangt ist. Die demokratische Kontrolle hat zwar lange gebraucht, die Missstände aufzudecken, aber sie hat nicht versagt. Schließlich kann der Vorgang dazu genutzt werden, den Schülerinnen und Schülern die Notwendigkeit von politischer Beteiligung aufzuzeigen. Eine unabhängige Presse, aufmerksame Zeitungsleserinnen und -leser (Wählerinnen und Wähler) sowie von innerparteilicher Demokratie überzeugte Parteimitglieder an der Basis machen es machtbewussten Politikern wie Gundolf Fleischer schwer, ihre undemokratischen Herrschaftspraktiken erfolgreich anzuwenden und vor der Öffentlichkeit geheim zu halten.

Trotz all dieser Argumente muss der Autor aber zugeben: Die bei dem Rücktritt Fleischers sichtbar gewordenen Missstände machen es Politiklehrerinnen und -lehrern schwer, vor ihren Schülerinnen und Schülern glaubwürdig zu bleiben und sie zugleich zu einer engagierten Beschäftigung mit Politik zu bewegen. Es ist nicht immer einfach vor einer Distanz zur Politik zu warnen. „Wer zweifelt, weiß, dass er lebt" (Augustinus).

Anmerkungen

1 Die Unterrichtsstunde wurde auf der Grundlage des aktuellen Themas „Krise des Parteienstaates?" aus der Zeitschrift ‚politische bildung' entwickelt (Breit, Massing 1/2009). Veröffentlichte Unterrichtseinheiten sind dazu da, Lehrerinnen und Lehrer für eigene Vorhaben zu inspirieren.

2 Zur Fall-Analyse s. Frech 2004, 89-116

3 Hartheim liegt in der Nähe von Freiburg i.Br.

4 In der Unterrichtsvorbereitung hat die Studentin bei allen Texten die gestellte Aufgabe bearbeitet und die dort angeführten Argumente und Gegenargumente aufgeschrieben.

5 Die beiden Positionen können vor der Stunde an die Tafel geschrieben werden – in lesbarer Schönschrift. Klappt man die Tafel zu, bleibt der Anschrieb zunächst der Klasse verborgen.

6 Im tabellarischen Überblick auf S. 90 muss daher bei den Zielen der zweite Spiegelstrich ersatzlos gestrichen werden.

4. Hilfen für die erste Unterrichtsstunde

Zum Abschluss sollen noch einige praktische Hinweise für die ersten „Gehversuche" vor der Klasse gegeben werden.

4.1 Die Angst, in der Stunde zu früh fertig zu sein

Alle angehenden Lehrerinnen und Lehrer verfolgt vor ihrer ersten Stunde der Albtraum, der Unterricht sei noch lange nicht zu Ende, sie aber hätten nichts mehr zu sagen und stünden sprach- und ratlos vor der Klasse. Diese Situation ist in der Tat schrecklich; sie tritt aber fast nie ein. Im Gegenteil: Die ersten Stunden sind zumeist inhaltlich zu voll gepackt und die Klasse kommt in Zeitnot. Um aber ganz sicherzugehen, bereitet eine angehende Lehrerin eine Ergänzungsaufgabe vor, die sie im Fall des Falles einsetzen kann.

Albtraum vor der ersten Stunde

Ein Beispiel: Häufig setzt die Lehrerin in ihren ersten Unterrichtsversuchen einen Zeitungstext ein. Dann bietet sich folgende „Reserve" an. Sollte in der Stunde tatsächlich noch Zeit offen bleiben, dann kann die Lehrerin eine kleine Zeitungskunde betreiben. Sie stellt der Klasse eine überregionale Tageszeitung (Die Welt, FAZ, SZ, FR, taz) vor oder lässt sich ‚Bild' von den Schülern charakterisieren oder geht auf den Unterschied zwischen regionalen und überregionalen Tageszeitungen ein. Dann ist aber auch die längste Stunde garantiert zu Ende.

4.2 Umgang mit unerwarteten Fragen

In den ersten Unterrichtsversuchen stellen sich mitunter gerade die politisch interessierten und gut informierten Schüler als schwierig für die Lehrerin heraus. Sie nützen die Gelegenheit, längere Vorträge zu halten oder „kluge" Fragen zu stellen, auf die man spontan keine Antwort weiß. Diese Fragen können und dürfen die Lehrerin nicht in Verlegenheit bringen.

Dazu ist es nützlich, dass die Lehrerin sich immer wieder klar macht: Sie ist nicht allwissend und hat auch nicht allwissend zu sein. Niemand erwartet von ihr, dass sie auf alle Fragen eine Antwort weiß.

Politiklehrerinnen und -lehrer sollten es sich zur Angewohnheit machen, Schülerfragen zunächst an die Klasse weiterzugeben. Man kann den Fragesteller auch auf den Text verweisen mit der Aufforderung: „Suchen Sie im Text selbst nach einer Antwort!". Findet sich im Text keine Antwort, fragt die Lehrerin weiter: „Wo können wir eine Antwort finden?" Eine gute Möglichkeit bietet die Bundeszentrale für politische Bildung im Internet an: www.bpb.de.

Das „Politiklexikon" und weitere Nachschlagewerke halten zu allen wichtigen Stichworten der Politik Informationen bereit – online und kostenfrei. Nun kann der Fragesteller beauftragt werden, selbst Recherchen anzustellen. Danach lenkt die Lehrerin die Aufmerksamkeit der Teilnehmer zurück zum Text und zu der Aufgabe der Stunde.

Das Verfahren, den Schüler selbst die Antwort suchen zu lassen, lässt sich von der allgemeinen Zielsetzung des Politikunterrichts her rechtfertigen. Am Frühstückstisch hat der mündige Bürger und Zeitungsleser ja auch nicht eine Lehrerin neben sich stehen, die ihm seine Fragen beantwortet.

4.3 Hinweise zum Auftreten vor der Klasse

Auch wenn sich viele Politikstudentinnen und -studenten bzw. Referendare in ihren ersten Unterrichtsstunden ganz von selbst gegenüber ihren Schülern angemessen verhalten, gibt es Sicherheit, sich einige Regeln für das eigene Auftreten vor der Klasse zurechtzulegen. Diese Regeln sind nicht starr zu befolgen. Je nach Situation muss die Lehrerin schnell und spontan entscheiden. Regeln werden dabei kaum beachtet. Wenn man nach Beendigung der Stunde das eigene Verhalten überdenkt, dann wird man möglicherweise ‚Regelverstöße' entdecken und sich zukünftig in einer ähnlichen Situation anders verhalten.

Autorität wahren und zugleich den Schülern politisch auf gleicher Augenhöhe begegnen

Vor der ersten Stunde muss sich jede angehende Lehrerin klar machen: Sie ist jetzt keine Schülerin mehr. Martialisch ausgedrückt: Sie steht jetzt auf der anderen Seite der Barrikade. Jede Lehrerin ist für die Schülerinnen und Schüler eine Autoritätsperson. Sie muss im Unterricht bestimmt und konzentriert auftreten, für Ordnung sorgen und durch die gemeinsame Beachtung von Regeln die Durchführung von Unterricht ermöglichen. Wer nur darum kämpft, dass im Klassenzimmer kein Chaos herrscht, für den werden die didaktischen Fragen, was er wozu und wie unterrichten soll, zweitrangig. In den meisten Schulklassen ist die Aufgabe, Ordnung als Voraussetzung für Unterricht herzustellen, einfach zu meistern. Die Schülerinnen und Schüler verhalten sich gerade angehenden Lehrerinnen und Lehrern gegenüber fair und kooperativ.

Die Notwendigkeit von Ordnung

Im Politikunterricht begegnet die Politiklehrerin den Schülerinnen und Schülern nicht nur als Autoritätsperson, sondern auch in bestimmten Situationen „auf gleicher Augenhöhe" als gleichberechtigte Bürgerin. Im Politikunterricht gibt es keine „richtigen" Meinungen. Jeder Unterrichtsteilnehmer kann sich wie jeder Bürger in einer Demokratie zu politischen Fragen eine eigene Sicht bilden. Bei der Beurteilung politischer Sachverhalte gibt daher die Lehrerin nicht die „richtige" Meinung vor. Lehrer und Schüler führen die Untersuchung von politischen Sachverhalten durch und gelangen von den Untersuchungsergebnissen aus zu einem eigenständigen Urteil.

Unabhängige Urteilsbildung

Bei der Leitung einer Diskussion in der Klasse muss die Lehrerin wie eine gute Moderatorin im Fernsehen agieren. Sie muss die Vielredner stoppen und im Zaum halten, die Stillen dagegen zu Beiträgen animieren. Vor allem muss sie Gelächter über eine ungeschickte Formulierung eines Teilnehmers „entschärfen" und den nicht so redegewandten Schülern Mut machen, sich auch zu äußern.

Diskussionsleitung

Die Lehrerin leitet die Diskussion, kann sich aber zugleich auch an ihr beteiligen. Zeigen sich die Schüler diskussionsfreudig und vertreten sie mit Engagement unterschiedliche Standpunkte, dann ist es für die Lehrerin zumindest in ihren ersten Stunden ratsam, sich aus der Diskussion herauszuhalten. Umso leichter fällt es ihr, die Übersicht zu bewahren, Schülern in der Reihenfolge ihrer Meldungen das Wort zu erteilen, die Einhaltung von Regeln durchzusetzen und auf Fairness in der Klasse zu achten.

Überwälti-gungsverbot

Grundsätzlich kann und soll die Lehrerin Position beziehen und in der Diskussion ihren Standpunkt vertreten. Nimmt sie an der Diskussion teil, darf sie aber in keinem Fall andere Teilnehmer „überwältigen". Sie darf die Diskussionsleitung nicht dazu ausnutzen, ihrer Position ein Übergewicht zu verschaffen. Im Gegenteil: Sie muss darauf achten, mit gegenteiligen Ansichten angemessen umzugehen. Mit anderen Worten: Sie darf Partei nehmen; sie er darf aber nicht parteilich sein (Überwältigungsverbot; zum Beutelsbacher Konsens ausführlich Schiele 2004).

Der Spagat, im Unterricht als Autoritätsperson und zugleich als gleichberechtigte Diskussionspartnerin zu agieren, erfordert Anstrengung und Selbstkontrolle. Wohl kann die Lehrerin die Durchführung von Analyse und Urteilsbildung wegen Mängeln und Fehlern kritisieren. Ansonsten aber bleiben Schülerurteile von Kritik unberührt, auch wenn sie noch so sehr der Lehrerin „gegen den Strich gehen"[1]. Die Politiklehrerin hat die von einem Schüler eingenommene Position – bei Übereinstimmung mit dem Grundgesetz – zu akzeptieren und zu respektieren.

Beispiel

Ein Beispiel: Die Klasse untersucht einen Streik. Sieht ein Schüler bei der Analyse nur die Arbeitgeberseite und unterlässt er es, auch die Ziele und Vorgehensweise der Gewerkschaften in den Blick zu nehmen, dann verdient dieses Versäumnis Kritik. Nimmt der Schüler jedoch – im Gegensatz zur Lehrerin – nach einer beide Positionen berücksichtigenden Analyse für die Arbeitgeberseite Partei, dann hat die Lehrerin daran nichts zu bemängeln, auch wenn sie selbst den Standpunkt der Gewerkschaft teilt.

Gefahr der Lehrerdominanz

Wie in jedem Fachunterricht muss die Lehrerin auch im Politikunterricht darum bemüht sein, Kenntnisse zu vermitteln. Ohne Wissen können sich Jugendliche nicht im selbstständigen politischen Denken üben. Wer Wissen vermittelt, besitzt einen Vorsprung vor seinen Schülern und steht über seinen Schülern. In der Regel redet dabei die Lehrerin viel und die Klasse nimmt das Gesagte passiv auf. Der einzelne Schüler verhält sich beim Lehrervortrag ruhig; er hört zu oder verlässt innerlich das Unterrichtgeschehen und hängt eigenen Gedanken nach. Stunden, in denen nur Wissen vermittelt wird, müssen sein. Anfänger sollten aber solche Stunden, wenn möglich, vermeiden und zumindest einen Abschnitt für die Stunde vorsehen, in der die Schüler selbstständig arbeiten. Einzel-, Partner- und Gruppenarbeit schützen den angehenden Lehrer davor, zu viel zu reden, zu wenig zuzuhören und dominant zu sein.

Lehrer reden gerne viel

Lehrer können taktlos sein

Lehrerinnen und Lehrer verletzen mitunter leichtfertig und ohne viel zu denken ihre Schülerinnen und Schüler. Ein Beispiel: In einer Diskussion fällt es einem Lehrer dank seiner fachlichen Überlegenheit leicht, einen Schüler schlecht aussehen zu lassen. Die Versuchung ist groß, auf dessen Kosten eine witzige Bemerkung zu machen und so vor der Klasse (und auch vor sich selbst) gut dazustehen. Ein solches Verhalten ist nicht nur billig, sondern wirkt auch den Zielen der politischen Bildung entgegen. Im Sozialen Lernen hält der Lehrer seine Schüler dazu an, sich untereinander als prinzipiell gleichberechtigt anzusehen und sich gegenseitig zu respektieren. Um glaubwürdig zu bleiben, muss der Lehrer selbst diese Haltung gegenüber anderen vorleben. Wer als Lehrer das Soziale Lernen ernst nimmt, muss daher witzige, aber taktlose und Schüler verletzende Bemerkungen unterlassen. Jeder Schüler hat einen Anspruch darauf, im Unterricht fair behandelt und nicht lächerlich gemacht zu werden. Wem es schwerfällt, vor anderen über Politik zu reden, muss sicher sein, vor Bloßstellungen durch den Lehrer oder durch Mitschüler geschützt zu sein.

Fachliche Überlegenheit verführt zu unsozialem Verhalten

4.4 Schülerbeteiligung

Gefahr

In jeder Klasse gibt es stärkere und schwächere Schüler. Dabei sind die redegewandten Jugendlichen nicht immer die besten Denker; sie reißen aber gerne das Unterrichtgeschehen an sich. Wenn eine Lehrerin nicht aufpasst, dann bestreitet sie, ohne es zu merken, den Unterricht mit vier bis fünf interessierten und melde- bzw. redefreudigen Schülern. Der Rest der Klasse verhält sich passiv oder wendet sich anderen Aktivitäten zu. Jede Lehrerin sollte daher in einer Stunde die Beteiligung möglichst vieler Jugendlicher anstreben. Je mehr sie den „Schwächeren" hilft, desto mehr melden sich auch diese Schüler.

Wie kann sie helfen? Zunächst sollte die Lehrerin den Eindruck von Allwissenheit und Vollkommenheit erst gar nicht aufkommen lassen und – in der Nachbesprechung – eigene Mängel (Unsicherheit, Dialekt, Versprecher, Lehrerecho, vorschnelle Verurteilungen und im Unterricht unangebrachte Kritik an Politikern) zugeben. Bekennt sich auch die Lehrerin zu Fehlern, fällt es dem Schüler leicht, sich trotz eigener Schwächen am Unterrichtsgespräch zu beteiligen.

Mit Lob sollte die Lehrerin nicht sparsam umgehen; in jeder Stunde sollte sie zumindest einige Schüler loben und deren Anstrengungen würdigen.

Gemeinsames Lachen

Nichts verbindet Lehrerin und Schüler so sehr wie gemeinsames Lachen. Politik ist ein komplexer und fast immer ernster Inhalt. Trotzdem ergeben sich auch in Politikstunden Gelegenheiten zum Lachen. In der Bereitschaft der Lehrerin, mit ihren Schüler hin und wieder gemeinsam zu lachen, wird ihre Zuneigung zu ihnen sichtbar. Sie kann sich in ihre Lage hineinversetzen[2]; verglichen mit dem freien Nachmittag sind für manche Jugendliche die Schulstunden des Vormittags ein Graus. Aus dieser Sichtweise heraus versucht sie ihnen den Unterricht erträglich zu gestalten. Eine Unterrichtsstunde, in der nicht wenigstens einmal gelacht wird, ist keine gute Stunde.

Anmerkungen

1 Nach eigenen, sicherlich nicht verallgemeinerungsfähigen Beobachtungen tun sich mit dieser Forderung vor allem „grün" ausgerichtete Politiklehrerinnen und -lehrer schwer.

2 Lehrer, die in ihrer eigenen Schulzeit mit Versetzungssorgen zu kämpfen hatten, können sich oft gut in die Nöte ihrer Schüler hineinversetzen. Auch das Desinteresse am eigenen Fach erscheint dem Lehrer mit bewegter Schulvergangenheit nicht als Mangel an Verstand oder Charakter. Er selbst hat sich auch für bestimmte Fächer nicht interessiert und dementsprechend wenig geleistet.

Schluss

Learning by doing. Unterrichten lernt man nur durch Unterrichten. Das Buch hat seinen Zweck erfüllt, wenn es den Leserinnen und Lesern den Schritt ins kalte Wasser der ersten Politikunterrichtsstunde erleichtert und die Angst davor ein wenig mildert. Vielleicht können die Einführung und die beiden Unterrichtsskizzen dabei helfen, die erste Stunde heil zu überstehen. Damit ist ein Anfang für das fachdidaktische Studium und den Erwerb von Unterrichtspraxis gemacht. Weitere Studien folgen zu

- Analysekategorien und -fragen,
- Urteilsbildung,
- Möglichkeiten der politischen Beteiligung,
- Politikkompetenz,
- Methoden wie Handlungsorientierung und Fall-Analyse,
- Arbeitstechniken,
- Medien,
- Sozialformen,
- fachdidaktischen Konzeptionen,
- fachdidaktischen Orientierungen,
- empirischer Unterrichtsforschung.

Mit den Spiegelstrichen sind nur Schwerpunkte genannt, um zu zeigen, dass fachdidaktische Theorie und Unterrichtspraxis in der politischen Bildung ein weites Feld sind. Mit der ersten Stunde ist aber ein Einstieg getan. Bei der Vorbereitung hat man Denkbewegungen kennengelernt, die täglich bei der Beschäftigung mit Politik durchgeführt (z.B. während der Zeitungslektüre) werden können:

Tägliche Denkübungen zur Förderung von Planungskompetenz

- das Aufschlüsseln eines politischen Vorgangs mit den Dimensionen des Politischen und dem Politikzyklus,
- das Zusammendenken von Inhalt und Zielen zu vorläufigen Unterrichtsthemen,
- die Herstellung des Bezugs zu allgemeinen Zielsetzungen des Politikunterrichts.

Das Aufschlüsseln mit den beiden Politikbegriffen macht auf Aspekte aufmerksam, die man im Unterricht behandeln kann. Das Zusammendenken von Inhalt und Zielen wandelt diese Aspekte in erste, vorläufige Themen um, aus denen der Lehrer dann eines zur Weiterentwicklung auswählen kann. Der Bezug zu den allgemeinen Zielsetzungen bietet eine gewisse Garantie dafür, dass man bei dieser Auswahlentscheidung nicht völlig daneben liegt. Die ständige Übung dieser drei Denkbewegungen lohnt ungemein. Sie stellen zugleich die beste Kurzvorbereitung für den Politikunterricht dar, die es gibt. Ihre ständige Übung lohnt sich ungemein.

Für die Zunahme an Planungssicherheit zahlt man einen Preis. Man denkt über politische Vorgänge fast nur noch als Lehrer nach und kaum noch als demokratischer Staatsbürger. Vorgänge wie der Rücktritt des Staatssekretärs Fleischer lösen sofort begeisterte Überlegungen zu Verwendungsmöglichkeiten im Unterricht aus. Das eigene politische Urteil und die eigenen Handlungsmöglichkeiten geraten darüber in Vergessenheit und unterbleiben. Das kann so weit gehen, dass Katastrophenmeldungen z.B. aus Darfur mit Freude aufgenommen werden, weil gerade eine Unterrichtseinheit über Afrika ansteht und man mit den täglich neu erscheinenden Zeitungsberichten bequem aktuell unterrichten kann. Vor dieser Deformation soll gewarnt werden. Man entgeht ihr, wenn man sich hin und wieder ganz bewusst ohne Bezug zu seinen Schülerinnen und Schülern mit Politik beschäftigt. Nur so bleibt der engagierte Politiklehrer auch ein politisch selbstständig denkender und handelnder Staatsbürger.

Literatur

Ackermann, Paul 2004: Bürgerhandbuch, Basisinformationen und 66 Tipps zum Tun. 3. neu überarbeitete Aufl., Schwalbach/Ts.

Ackermann, Paul u.a. 2010: Politikdidaktik kurzgefasst. Aktualisierte Aufl., Schwalbach/Ts.

Besand, Anja/Sander, Wolfgang (Hg.) 2010: Medienhandbuch. Schwalbach/Ts.

Breit, Gotthard 2008: Immerwährende Verantwortung für die moralische Katastrophe in der deutschen Geschichte. In: politische bildung, H. 4, S. 144-152

Gotthard Breit, Siegfried Frech 2010: Politik durchschauen. Ein Schülertaschenbuch. Schwalbach/Ts.

Gotthard Breit/Peter Massing (Hg.) 2006: Politikunterricht geplant. Kommentierte Unterrichtseinheiten für die Praxis. Schwalbach/Ts.

Breit, Gotthard/Massing, Peter 2009: „Krise des Parteienstaates?" In: politische bildung, H. 1, S. 99-105

Breit, Gotthard/Weißeno, Georg 2004: Planung des Politikunterrichts. Eine Einführung. 2. Aufl., Schwalbach/Ts.

Detjen, Joachim 2007: Politische Urteilskompetenz. In: Georg Weißeno u.a. (Hg.): Wörterbuch Politische Bildung. Schwalbach/Ts., S. 399-408

Eichner, Detlef (Hg.) 2008: Demokratie heute. Anregungen für einen aktuellen Politikunterricht. Braunschweig

Eschenburg, Theodor 1985: Der mündige Bürger fällt nicht vom Himmel. Die Anfänge der Politikwissenschaft und des Schulfachs Politik in Deutschland nach 1945. In: Der Bürger im Staat, S. 239-243

Frech, Siegfried u.a. (Hg.) 2004: Methodentraining für den Politikunterricht; 2007: Methodentraining für den Politikunterricht II. Schwalbach/Ts.

Gagel, Walter 2005: Der Holocaust und die politische Bildung. Eine Erinnerung. In: Peter Massing/Klaus-Bernhard Roy (Hg.): Politik, Politische Bildung, Demokratie. Schwalbach/Ts., S. 148-157

Gagel, Walter 2007: Drei didaktische Konzeptionen: Giesecke, Hilligen, Schmiederer. Schwalbach/Ts.

Hilligen, Wolfgang: Zur Didaktik des politischen Unterrichts. 4., völlig neu berarbeitete Aufl. Opladen 1985

Juchler, Ingo 2007: Max Weber: Politik als Beruf – eine Schlüsselrede des Politischen. In: Gotthard Breit/Peter Massing (Hg): Politik im Politikunterricht. Schwalbach/Ts., S. 105-124

Klein, Ansgar/Schmalz-Bruns, Rainer (Hg.) 1997: Politische Beteiligung und Bürgerengagement in Deutschland. Möglichkeiten und Grenzen. Bonn (Schriftenreihe der bpb, Bd. 347)

Massing, Peter/Skuhr, Werner 1993: Die Sachanalyse – Schlüssel zur Planung von Politikunterricht. In: Gegenwartskunde, H. 2, S. 241-275

Massing, Peter/Weißeno, Georg (Hg.): Politik als Kern der politischen Bildung. Opladen 1995

Massing, Peter/Weißeno, Georg 1997: Politische Urteilsbildung. Schwalbach/Ts.

Pohl, Kerstin (Hg.) 2004: Positionen der politischen Bildung (1). Schwalbach/Ts.

Pohl, Kerstin/Soldner, Markus 2008: Die Talkshow im Politikunterricht. Direkte Demokratie. Schwalbach/Ts.

Wochenschau-Sonderheft Dezember 2005: „Politik in der Zeitung". Schwalbach/Ts.

Pötzsch, Horst 2003: Die deutsche Demokratie. 3., aktualisierte Aufl., Bonn (bpb)

Rohe, Karl 1994: Politik. Begriffe und Wirklichkeiten. 2. Aufl., Stuttgart

Schiele, Siegfried/Breit, Gotthard (Hg.) 2000: Werte in der politischen Bildung. Schwalbach/Ts.

Schiele, Siegfried (Hg.) 2004: Politische Mündigkeit. Schwalbach/Ts.

Schiele, Siegfried/Breit, Gotthard 2008: Vorsicht Politik. Schwalbach/Ts.

Steinbrecher, Markus 2009: Politische Partizipation in Deutschland. Baden-Baden

Weißeno, Georg (Hg.) 2006: Politik und Wirtschaft unterrichten. Bonn (Schriftenreihe der bpb, Bd. 483)

Weber, Max: Politik als Beruf. Vortrag aus dem Jahr 1919. In: Herfried Münkler (Hg.) 1990: Lust an der Erkenntnis. Politisches Denken im 20. Jahrhundert. München, S. 22-34